JN081571

エシカル白書

2022~2023

一般社団法人エシカル協会 編

Ethical

山川出版社

『エシカル白書2022-2023』
発刊に寄せて

　気候変動、感染症パンデミック、大規模な軍事衝突。

　人類は未だかつて経験したことのない困難を迎えています。暗いトンネルの中を進むような日々、何を頼りに生きていけばいいのか、どんな暮らし方を選んでいけば、世界も私たちもよりよい方向に向かうのか。誰もが、とても迷っています。一方で、多くの人たちがつまずきながらも、希望ある新たな世界の実現に向けて必死に歩み始めています。その新たな世界を作るために必要なのがエシカルというものさしです。これから始まる新たな時代を生きるために欠かせないものさしです。変化のチャンスを生み、暗闇を抜ける道を照らすトーチとなり得ます。

　SDGs達成のためにも、エシカルなアプローチは必要不可欠ですが、その重要性すら認識していない人たちが未だ多く存在するのが日本の現状です。どうやってエシカルというものさしを学び、手に入れ、実用していけばいいのか、知る手段が十分に用意されていないのも事実です。

　そこで、私たちは日本で初の『エシカル白書』を刊行し、これまでエシカルに全く触れてこなかった生活者・企業人からすでに実践を重ねている有識者まで、エシカルに関連する幅広い読者のニーズに応えることを目指しました。

　本書は、日本の生活者のエシカルに対する認識・意向や、エシカルを取り巻く日本国内外の動向についてまとめ、読者へエシカル消費に対する幅広い知見を提供するものです。客観的に情報を整理する白書として、サステナビリティが必要とされるようになった社会的背景の解説や国際機関発行のSDGsに係る統計データなどの読み解きを行いました。加えて、海外の先進事例の紹介やサステナビリティ関連の著名な識者の論考を通じ、日本のエシカルな取り組みの未来に対する示唆を提供することを試みました。

　願わくば、未来を担う若者たちにも手に取ってもらい、大人たちとともにエシカルな社会の実現へ向けた一歩を踏み出してほしいです。

一般社団法人エシカル協会 代表理事

末吉里花

『エシカル白書2022-2023』発刊に寄せて　　　　　　　　　　　　　　　　　　2

1.エシカル白書2022-2023 巻頭対談

エシカルな世の中の実現に向けた危機感と希望
ジャーナリスト　国谷裕子　×　一般社団法人エシカル協会代表理事　末吉里花　　8

2.エシカル消費を通じて今考えるべき社会課題

脱炭素
一般社団法人エシカル協会理事／株式会社オウルズコンサルティンググループ プリンシパル　大久保明日奈　42

海洋プラスチック
一般社団法人エシカル協会理事／株式会社オウルズコンサルティンググループ プリンシパル　大久保明日奈　54

フードロス
一般社団法人エシカル協会理事／株式会社オウルズコンサルティンググループ プリンシパル　大久保明日奈　66

児童労働・強制労働
認定NPO法人フェアトレード・ラベル・ジャパン 事務局長　潮崎真惟子　78

3.国連 The Sustainable Development Goals Report 2021の読み解き

執筆協力　株式会社オウルズコンサルティンググループ　90

4.日本におけるエシカル消費動向調査

執筆協力　株式会社オウルズコンサルティンググループ　106

専門家に聞く気候変動Q&A　国立環境研究所 地球システム領域 副領域長／東京大学 客員教授　江守正多　122

5.エシカル先進事例の紹介

スウェーデンのエシカルを起点としたライフスタイル・ビジネス変革
株式会社ワンプラネット・カフェ 代表取締役　エクベリ聡子　136

「全米で一番住みたい街」ポートランドの、環境と経済を両立した暮らし
一般社団法人エシカル協会理事／株式会社 Organic Crew 代表取締役　森　敏　147

▶ バリ島におけるソーシャルビジネスの取り組み

一般社団法人Earth Company・Mana Earthly Paradise 共同創設者　濱川明日香　159

▶ 四国一ちいさな上勝町から広がるゼロ・ウェイスト

株式会社BIG EYE COMPANY・Chief Environmental Office（CEO）　大塚桃奈　172

6. エシカルな世の中をつくるための全世代会議

▶ エシカル革命

一般社団法人エシカル協会代表理事／日本ユネスコ国内委員会広報大使　末吉里花　184

▶ 持続可能な世界実現に向けた政府の取り組み

一般社団法人エシカル協会理事／株式会社オウルズコンサルティンググループ プリンシパル　大久保明日奈　195

▶ エシカルな教育とは？ ESDを通した足元からの革命

聖心女子大学現代教養学部教育学科教授／聖心グローバル共生研究所副所長　永田佳之　206

▶ 地球を分け合う動物たちに配慮する2つの方法

認定NPO法人アニマルライツセンター代表理事／一般社団法人日本エシカル推進協議会理事　岡田千尋　217

▶ 再生可能エネルギーを選ぶ社会と、現場の課題意識

自然電力株式会社　ブランディング＆コミュニケーション部　出張光高　228

▶ 脱成長とコモン

東京大学大学院総合文化研究科准教授　斎藤幸平　238

▶ 企業とサステナビリティ

21世紀金融行動原則運営委員　松原稔　247

▶ チャンスを共有する！「ソーシャルビジネス」のつくり方

株式会社ボーダレス・ジャパン代表取締役副社長　鈴木雅剛　256

▶ 私たちが変える！ Z世代の実践

コミュニティコーディネーター　松丸里歩　266

▶ エシカル・ネイティブの描く世界

一般社団法人エシカル協会 Lead Future Designer　羽生田凛央　274

巻末特集　写真で見る気候変動

写真家　半田也寸志　283

1

エシカル白書
2022-2023
巻頭対談

巻頭対談

エシカルな世の中の実現に向けた
危機感と希望

国谷裕子　ジャーナリスト

末吉里花　一般社団法人エシカル協会 代表理事

この対談は、2021年12月山川出版社にて、感染症対策を万全にとったうえで行われました。

写真：望月みちか　　聞き手：羽生田慶介　株式会社オウルズコンサルティンググループ代表

プロフィール

国谷裕子 (くにや・ひろこ)

米国ブラウン大学卒業。NHK「7時のニュース」英語放送の翻訳・アナウンス担当を経て1987年よりキャスターとしてNHK・BS「ワールドニュース」などの番組を担当。1993年から2016年までNHK総合「クローズアップ現代」のキャスターを務める。現在はSDGsをはじめ様々な社会問題にアプローチする傍ら、東京藝術大学理事、慶應義塾大学大学院特任教授、自然エネルギー財団理事、FAO（国連食糧農業機関）親善大使（日本担当）なども務める。98年放送ウーマン賞、02年菊池寛賞、11年日本記者クラブ賞、16年ギャラクシー賞特別賞受賞。著書に『キャスターという仕事』（岩波新書）。

新型コロナウイルスが明らかにした 今日の社会システムが抱える課題

──2021年は新型コロナウイルス感染症に係る話題が多い年でありましたが、これまで以上に社会課題の深刻さが認識されてきた一年であったように思います。2021年11月開催のCOP26（国連気候変動枠組条約第26回締約国会議）では「1.5℃目標」が再確認され、気温上昇を1.5℃に抑えねばならないという危機感が世界の中で生まれました。日本にもその深刻さが少しずつ伝わってきています。この一年間、社会課題、そしてその解決に対する取り組みに広く目を向けてきたお二人は、私たちの置かれた立場をどのように捉えているのでしょうか。

国谷　この1～2年を振り返ると、やはり新型コロナウイルス（以下、コロナ）抜きでは考えられないと思います。かねてよりSDGs（国連持続可能な開発目標）について取材・発信している立場から見て、コロナが全世界を瞬く間に襲った状況、それによって貧困や飢餓などが悪化した状況を見ますと、「なぜSDGsが必要なのか」ということが、改めて私たちに突きつけられたと感じます。世界経済フォーラム（WEF）のグローバルリスク報告書では、ウイルスによる感染症のまん延について、「発生すると影響の大きいリスク」であるということが、たびたび警告されてきました。コロナは決して不意打ちではありませんでした。私たちの行動自体が、そうした状況を招いているのです。

　2019年のグローバルリスク報告書は、感染症の世界的拡大、パンデミックが増加する理由について、以下の5つを挙げています。

⑴ 人やモノの移動スピードが速くなり、あっという間に世界中に

感染が拡散していく状況にある。(2) 世界の人口の55％が都市に集中して住んでおり、その都市で感染が急拡大する。(3) これまで自然界の中に封じ込められていたウイルスが、森林の破壊によって人間の社会の中に入りやすくなっている。(4) 地球温暖化によってウイルスを媒介する蚊などの生き物たちの生息範囲が広がっている。(5) 世界中が不安定化し、難民など、紛争の長期化によって自分が住み慣れた場所を強制的に離れざるを得ない人々が非常に多くなっており、そうした脆弱な生活環境に置かれている人たちの抵抗力が弱まっている。

　こうした5つの状況を振り返ってみると、すべては人間が作り出した状況によって、新型のウイルスが私たちを襲い、感染症が拡散しているのです。それが故に、コロナの教訓として、人間の生命や安全を維持してくれていた地球のレジリエンス、回復力を我々人間が奪ってしまっているという事実をきちんと見つめ直し、もう一度私たち自身の手で地球のレジリエンスを取り戻していかなければならないのです。

　私たちが置かれている状況への認識について、気候変動を例にお話しします。COP26において、パリ協定では努力目標であった世界の気温上昇を「1.5℃」に抑えることが事実上、必達目標として世界的に合意されました。その背景にあるのは、「2℃」目標ではもはや地球上での生活は安全ではなく、脱炭素を加速しなくてはとの強い危機感です。しかし、未だに大気中の二酸化炭素濃度は増え続けています。2050年にゼロエミッションを達成するためには、私たちが毎年7％ずつ二酸化炭素の排出を減らさなければなりません。一昨年のコロナ禍では経済活動が急速に減速しましたが、その状況

でも二酸化炭素排出量の減少割合は 6 ％程度にとどまりました。それを踏まえると、経済を動かしながら前年より7％ずつ減らしていくというチャレンジがいかに厳しいものであるかわかるのではないでしょうか。2050 年のゼロエミッションへ向けて、ここ数年のうちに、大幅な排出削減に向けた本格的な変革を軌道に乗せられるのかという問いが突きつけられています。

　このままでは、私たちは気温の上昇が2℃を超えて4℃、5℃になってしまう世界に向かっています。なんとしてもこの危機感を共有していかなければならないのですが、大きな変革が求められている中、危機感もスピードもあまりにも足りないと危惧しています。

末吉　全く同感です。私も非常に危惧しています。多くの人の間で危機感を共有できていないのではないかと、いつも悩んでいます。どうしたらもっと多くの人に危機感を持ってもらえるのでしょうか。

▍メディアが伝えるべき 2つの「遠い危機」

——今、お二人から「危機感」という言葉がありました。遅まきながらようやく日本でも、気候変動対策への関心が高まりつつあると感じています。とはいえ、2021年の衆議院選挙ではほとんどと言っていいほど気候変動対策については論点になっていませんでした。他方、同年のドイツ連邦議会選挙では国民アンケートで「最も重要な政治課題」とされたのは「新型コロナウイルス対策」の18%を大きく上回る33%を獲得した「環境・気候変動対策」でした。この気候変動に対する当事者意識の違いは何でしょうか。なぜ日本において気候変動の危機

感は共有されないのでしょうか。

国谷　メディアにいた立場として、反省することは多くあります。メディアは、目の前に起きている状況に対して伝える傾向が強いです。気候変動、あるいは地球上で起きている様々な社会課題について、「数年先や将来にはこういうことが起きますよ」と伝えることがやはり十分ではなかったなと思いますし、メディア自身のアウェアネス（意識）がまだまだ低いと思います。SDGsに関わる活動を始めてからは、NGOやNPO、あるいは様々な市民団体の方々が、非常に高い意識を持って啓蒙活動や情報発信をしていると知りました。しかし、こうしたことをメディアは、きちんと伝えてきたか、伝えているかというと自戒も込めて言わせていただくと、かなり不十分です。それはやはり、メディアが関心を集中するのは、目の前で今起きている事件とか事象だということの表れです。

　私は2021年初めに放送した「NHKスペシャル」で、国際環境NGOの世界資源研究所（WRI）のグレイグ・ハンソン副所長にインタビューをさせていただきました。彼は「遠い危機」、すなわち私たち生活者にとって遠くにある危機をすべての人にとって身近なものにしていくことが教育者やメディアの役割であり、そのようにして初めて、私たちは行動を起こし、積極性を得ることができるでしょうと話してくれました。

「遠さ」には、「空間的な遠さ」と「時間的な遠さ」の二つがあります。一つめの「空間的な遠さ」は、どこか遠い途上国の話だとしてしまう遠さです。先進国に住んでいる私たちは、甚大な異常気象や災害があったときに、もちろん被害には遭うのですけれども、例えば猛

暑からはクーラーのある部屋に逃げ込むこともできますし、雨露を
しのぐこともできます。一方で、今の地球の変化や気候変動から最
も影響を受けている人々、まだ豊かな生活を送ることができていな
い途上国の人々が見舞われている水不足や土壌劣化、あるいは海面
上昇といったことからは距離的に遠いところにいます。アフリカで
は気候変動の影響から農業を営むことができなくなり、みずからの
土地を捨てて都市へ向かう多くの人々が出ていますが、そのような
ことをなかなか想像しにくいのではないでしょうか。先進国が大量
に排出している二酸化炭素による気候変動が、こうした状況を生み
出していることを私たち先進国の人々は知らない。世界で起きてい
るこうした様々な問題が自分たちと密接に繋がっていることをメ
ディアや教育を通して十分に伝えることができていないのです。

　もう一つは「時間的な遠さ」です。2021年8月に公表された
IPCC（国連気候変動に関する政府間パネル）の第6次報告書は、早けれ

ば2030年、10年も経たないうちに「1.5℃」に達してしまうと分析していますが、それは今、目の前に起こることでなく、いつ起こるかも正確にはわかりません。また2030年目標や、2050年のゼロエミッション実現など、10年、30年という時間軸で話をしている「遠さ」があります。この「時間的な遠さ」を乗り越えるためには、私たちは科学的な知見をもっと信頼し、耳を傾けるべきではないかと思っています。現代において科学的知見がいかに重要であり、メディアもその知見をきちんと伝えていくべきかを深く印象付けられたのは、「NHKスペシャル」でEUのフランス・ティメルマンス上級副委員長をインタビューしたときです。EUは2030年での二酸化炭素削減目標を昨年、40％から55％へと大幅に引き上げました。私は、「なぜそこまで引き上げたのですか」という質問を副委員長にしました。すると、彼はきっぱりと「science（サイエンス）」だと言いました。それが非常に印象に残っています。EUは、2030年目標を40％としていたら、2050年のゼロエミッション達成に間に合わないという科学的知見から政策を変更したのです。2030年までに55％の削減ができれば間に合う可能性があると。また、投資のサイクルというのは25年から30年であり、ゼロエミッション目標の2050年までは30年弱ですから、投資サイクルを考えると、この数年が鍵だということもおっしゃっていました。政策決定における科学の役割がますます重要になっています。

　テレビには本来「遠くをみる」という意味がありますが、その「遠くをみる」という役割をテレビやメディアは果たしているのか。遠い世界で何が起きているのか、それは世界全体にとって、また日本に住む一人ひとりにとってどのような意味があるのか、そ

うしたことを伝える役割がメディアにはあります。また、未来に迫っている地球の危機を、科学的知見の積み重ねの上に立ち、説得力を持って人々に伝えていかなければなりません。メディアの取り組みはまだまだ十分ではないと感じています。

世界と比べて当事者意識が低い
日本の若者

——末吉さんは若者たちから大人まで多くの方々と対話を重ねておられますが、当事者意識などについて、ここ最近感じておられることはありますか。

末吉　コロナ禍で自分の暮らしと向き合う時間が増えて、生活の中でこれは必要だ、これは必要でない、これは大切だった、といったことを見極める心のゆとりが少しできたのかなと思います。必ずしもお金を払ってモノを購入するのではなく、自分で何か作ってみようという気持ちにもなった人もいたと思います。そこで初めて、何かを作ることってこんなに大変なのだと知る人もいたのではないでしょうか。コロナ禍の当初はトイレットペーパーが店頭からなくなってしまうなど、普段当たり前のように使ったり食べたりしてきたものが、あるときを境に突然手に入らなくなる、ということを思い知らされました。私たちの営みは世界との繋がりの中で成立しており、お互い影響を与えていることを学べた時期でもありました。
　一方で、このような渦中においても、人類の危機である温暖化の問題についてみんなが意識をして行動するようになったかといえばそうではありません。活動をしている中で、「何でわかってもらえ

ないのだろう」というもどかしさや葛藤があります。今、最も危機感を表明しているのは若い人たちです。私は日頃、中学生や高校生、大学生と話す機会がよくありますが、環境活動をしていたり団体を立ち上げたりしているような活発な学生たちはもちろん、学校に話をしに行ったときに出会う、まだ多くを知らない子どもたちも自分たちがこれから生きていく地球はどうなるのかととても不安に思っています。危機感よりも、先行きが見えない不安や恐怖心のほうが大きいのかもしれません。そういった子どもたちの声は、なかなか社会や世の中に伝わっていきづらいし、それこそ政策の過程には生かされていないだろうと思うのです。COP26に参加した日本の若者たちとも話をする機会があったのですが、現地で感じた危機感や熱量、切実さがあまりにも日本と違っており、どうしたら日本の人たちも同じように感じてもらえるのだろうか、という焦りのようなものを持っていました。活発に活動をしている若者たちの話が日本

のニュースで取り上げられると、SNSなどでは批判的なコメントがたくさん生まれたりするのです。それを見ると、とても悲しくなります。本当に危機を感じて、解決のために行動している若い人たちの声は取り上げられるべきでありますし、私もそういった人たちの声を伝えていきたいと最近特に感じるようになっています。子どもたちに「本気になっている大人がいるんだ」ということを実感してもらえるように、まずは大人たちが本気にならないといけない、といつも思っています。

　最初の問いの最後に国谷さんに質問させていただきましたが、自分では答えを持ち合わせていなかったからです。ただ、一つにこれから教育の中でもっともっと伝えられる機会が増えるので、あっという間に若い世代に意識や危機感が広がっていき、下の世代から押し上げられるようにして大人たちに響いていくようになるかもしれません。したがって、これからの未来を考えている若い人たちに、より積極的に働きかけていくのが鍵になるかもしれないと思っています。

国谷　若者の当事者意識が高まっていると聞いてほっとするのですが、それでも世界と比べて日本の若者たちの当事者意識はまだまだ低いと思います。2018年に内閣府が若者の意識を国際比較した調査を行っています。政治にどれくらい関心があるのか、社会を良くすることに関与したいか、自分が参加することによって社会を変えられると感じるか、などの質問に対して、肯定的な回答をする日本の若者の割合は圧倒的に低いです。例えば、ドイツと比較した場合に、自国の政治に関心があるかについて、「非常に関心がある」と

答えた日本の若者はドイツの半分くらいであり、社会問題の解決に関与したいかについても、「そう思う」と回答した割合はドイツの3分の1。自分が参加することで社会が変えられると思っている若者は、ドイツでは2割程度いるのに対し、日本では8.5％にすぎません。COP26に行った日本の若者たちの動きが報道されましたが、そうした人たちと一般的な若者たちのギャップは、非常に大きいのではないでしょうか。

もう一つ、同じ調査から考えさせられた点があります。日本の若者は、自国の社会や自分自身について満足している人が海外に比べてとても少ないのです。ドイツと比べると3分の1くらいです。自国の将来は明るいかという質問についても、「明るい」と回答した割合はとても少ない。つまり、自分自身に満足もしていないし、日本の将来は明るいと思っていないにも関わらず、政治や社会に関心を持っていない。社会の問題を解決したいと思わないし、自分たちで変えられるとも思わない。自分たちが充実していると感じる時間は、趣味や一人でいるとき、恋人といるときであり、仕事や勉強、社会活動と答えた人は海外の若者の半分以下です。こうした調査結果からは、自分たちが「エンパワーされている」と感じている若者が日本ではとても少ないのではと思います。なかでも、自分たちが声を上げることで社会を変えられると思っている若者が非常に少ないことは、とても大きな問題だと感じます。

日本が今まさに考えるべき 社会課題としての「人権」

——先ほどの「エンパワーされている」というキーワードはとても大事

です。

　日本財団のアンケートでも子どもの自己肯定感のなさが際立っていたように、気候変動に対する当事者意識の裏にある、どうせ自分たちでは変えられない、変えられる気がしないというエンパワーメントのなさは「人権」問題にも繋がってくる、ということで続いてのテーマにいきたいと思います。

　ここ数年、「人権」というキーワードが企業の有価証券報告書や日経新聞にもたくさん出るようになりました。岸田政権は国際人権担当の総理大臣補佐官を設けるなど、人権課題を重要視しています。「人権」に対するお二方の課題感をお聞かせいただけたらと思います。

国谷　今、企業は盛んに ESG 投資や ESG 経営などを進めている中で、環境 (Environment) の面は熱心に対応されているように見受けられますし、ガバナンス (Governance) ではコンプライアンスが大事であるとの認識は高まっています。特にプライム市場の新設など市場の再編成に向けコーポレートガバナンス・コード（企業統治指針）も改訂されたこともあり、「E」と「G」に積極的に取り組んでいる企業が増えた印象があります。一方で、「S」(Social) の部分、例えば SDGs の中でもダイバーシティは非常に重要な問題なのですが、日本では取り組みは遅れており、また「人権の尊重」への意識もまだまだ希薄です。

　2011 年に国連が「ビジネスと人権に関する指導原則」を出していますが、それに対する日本の取り組みも非常に遅かったと思います。ようやく去年、経済産業省と外務省が共同で東証一部、二部上場のあわせて 2,786 社に「サプライチェーンにおける人権に関する取組

状況のアンケート調査」を行いましたが、回答率はわずか27％にとどまりました。回答された27％の企業の内においても、人権デュー・ディリジェンスを実施し、課題を見つけ、そして改善策をとっている企業はまだ半分程度です。つまり、ESGへの対応を標榜していても、多くの企業は、ようやく自社のサプライチェーンの中で技能実習生が何人働いているのかなどの実態把握を始めたというレベルです。

　人権の捉え方としては、人権侵害を受けている当事者がどれだけいて、自分たちのビジネスがどれだけ人権侵害に加担していて、それをどう是正していくのかということを考えなければなりません。また、人権問題への加担のレベルが、直接的に引き起こしているのか、助長しているのかだけではなく、どのようなリンケージがあるのかというところまで見ることを世界は求めています。日本の企業はまだ、人権問題が企業にとってどれだけのビジネスリスクになるかという把握にとどまっているように思えます。人権は、当事者の人権がどこまで侵害されているのかという視点から問題を洗い出すことが大切です。実際に侵害を受ける相手の立場に立って人権リスクを見ていく取り組みはまだまだ始まったばかりです。

──１人が自死してしまう状態と1,000人がパワハラを受けている状態を例とします。ビジネスリスクだけ考えると1,000人がパワハラを受けている状態の方が生産性にはネガティブかもしれません。しかし、人命はすべてに優先されます。つまり、１人が自死してしまう状況に先に対処するのが人権の正しい考え方なのですが……企業収益の立場だけで考えると1,000人のパワハラを先に止めにいくという行動をとるこ

ともあり得ます。

　企業が人権の正しい考え方を理解する必要性についていかがお考えでしょうか。

国谷　今、セクハラやパワハラなど色々なハラスメントへの問題意識はとても高まってきています。しかし、それ以外にも企業が人権の観点で考えるべきことは数多くあります。例えば、ミャンマーでの軍事政権による人権侵害の問題です。自分たちの企業は直接人権侵害に加担していない、関わってはいないけれども、現地で合弁会社を設立している相手企業が軍系の企業だった場合、その事業を継続すべきかどうかということは人権問題として検討すべき問題です。また、AIを使った顔の識別カメラのリスクも同様です。例えば、独裁的な政権が政府に反対する人たちの行動を把握するために識別システムを導入し、取り締まりを強化した場合、それはプライバシーや個人の自由を毀損することに繋がります。つまり、社会にとって便益を提供すると考え、良かれと思って開発したものが人権侵害に加担することにもなり得るのです。それらの問題に対して、直接、間接を問わず、企業が関わっているのであればその対応が求められます。このように、人権の捉え方がどんどん広がっているのです。海外では、施行が先行しているドイツやフランスやオランダに加えて、EU全体として、企業が人権デュー・ディリジェンスを行うことを義務化する、罰則規定も含む法律の施行が間近になっています。グローバルでビジネスを展開している企業は、人権にきちんと向き合うことが法的にも求められるのです。このように、エシカルやSDGsの考え方も進化していますが、人権の捉え方や取り組

みのあり方も急速に深まっています。

　ドイツは、2016年に人権に関する行動計画を策定し、20年までに人権デュー・ディリジェンスを行う企業が50％に達しない場合は、法的に義務化するとしていました。そして、50％に達しなかったため、その計画に従い、21年に法律化しました。日本も、こうした進め方を学ぶべきではないでしょうか。

　——企業がそれぞれ独自に判断することに委ねるのではなく、政府として人権リスクに対するガイドラインを発信すべきとしているのがラギー原則（ビジネスと人権に関する指導原則）ですが、国際的な人権侵害の事案に日本は対応が遅れました。ミャンマーや新疆ウイグルをめぐる状況は典型です。

　まさに今、国谷さんから企業の対応不足や統一された意識の欠如、海外との違いなどについてコメントをいただきました。末吉さんは色々な方と触れる中で、ビジネスと人権だけでなく、いじめや貧困、BLM（Black Lives Matter）なども含む人権に対してどのようにお感じになっていますか。

末吉　日本人には日頃、他の文化や他の人種の人たちのことを理解する機会がなかなかないと思います。なので、どうしても無意識に考えない状態になっているのではないかと感じます。

　今、私は日本ユネスコ国内委員会の広報大使を数年務めています。ユネスコは世界の平和を求めていくための機関ですが、特に学校教育を通じてユネスコの理念を実現するために、平和や国際的な連携を実践するユネスコスクールがあります。日本でユネスコスクール

に加盟している学校は約1,100校あり、世界の中でも多いです。異なる文化や文明についてみんなで考えながら、色々な人たちと繋がり合い、世界の問題を考え、それを足元で実践していこうという教育を行っています。よく言われている「Think globally, Act locally.」の精神のことですね。元々、戦後にできた機関ですけれども、「戦争は人の心の中で生まれるものだから、人の心の中に平和の砦をつくろう」というスローガンがあります。私はこの言葉がすごく好きで、平和の砦とは、まさに「エシカルなものさし」と同じことかなと思います。

　11月にはユネスコの最新報告書というものができました。その一番のコンセプトが「Reimagining our future」。私たちは新たに社会との関わりの契約を結ぶ、そして、未来を想像し直すのだということです。人間同士だけでなく、他の人間ならざる生き物を含めたすべてのものとの対話、あるいは人間とテクノロジーとの対話など

様々なことに言及されています。

　話を戻すと、人権の問題はどこから始まるのだろうと考えると、「心」からですよね。一言で人権といっても色々な観点がありとても難しいですが、一人ひとりがまずは人としてどうあるべきかを考えていったり、多様なバックグラウンドの人たちや他の生き物、自然と共に生きることを学べるような機会がもっとあるといいなと思います。

エシカルの本質は経済、環境、社会に対するホリスティックな視点

――気候変動、そして人権についてのお考えをお話しいただきましたが、いよいよエシカルについてです。現在、「エシカル消費」「エシカルな調達」などの言葉も浸透しつつあり、2021年以降学校教育の中でも取り上げられることになりました。

　サステナビリティ（持続可能性）やレスポンシビリティ（責任）など色々なキーワードの中で、末吉さんが「エシカル」という言葉を中心に据えてこられた思いはどのようなものでしょうか。

末吉　「エシカル」って本当に難しい言葉で、人間の存在意義を考えるような深い言葉ですよね。「サステナビリティ」は例えば、○○のサステナビリティというように所有格がつくことはあっても主語がないというか、単に可能性を表す無機質な言葉という感じがどうしても私にはしてしまいます。他方、「責任」というと、私の責任やあなたの責任のように義務的な重苦しい感じがする。でも、エシカルは私たちの協会のスローガンでも「エいきょうを　シっかり

と　カんがエル」と言っていて、正解がなく、答えのない問いを
ずっと生き続けていくようなものだと思います。人間を人間たらし
める所以がエシカルである、と言えるかもしれません。ですから、
究極を言うと、エシカルな暮らし、エシカルな自分……と考えてい
くと、幸せってなんだろうという話に行き着くと思います。個人の
幸せと社会の幸せとは同じであるべきか、それとも違うものなのか。
宮沢賢治の有名な言葉「世界がぜんたい幸福にならないうちは個人
の幸福はあり得ない」にあるように、まさに人としてどう生きるの
かが問われる話です。正解がないからこそ、エシカルを皆で共に考
えていきながら、優しい眼差しで共有していきたいなと思っていま
す。

――末吉さんの「エシカル」という言葉に対する想いを聞いて、国谷さ
んはどうお感じになられましたか。

国谷　個人の幸せだけでなくて社会の幸せという、宮沢賢治の言葉
にとても共感します。やはり、私たちがこの 70 年の間、大量生産・
大量消費・大量廃棄の時代に加速度的に向かっていく中で、「もっ
たいない」という心が忘れられていきました。日本は江戸時代から、
非常にエシカルな生活をしていたと言われていますが、それがいつ
の間にか失われてしまった。UNEP（国連環境計画）によれば、日本
は一人当たりのプラスチック容器包装の廃棄量は世界で 2 番目、食
品ロスも世界的にとても多い国です。また、毎年 100 万トンくらい
の衣服を焼却や埋め立て処分にしています。「もったいない」とい
う国民性があっという間に変わり、環境負荷の高い大量生産・大量

消費・大量廃棄が行き着いた国になってしまいました。

　この背景には、便利さの最優先、とにかく安いことを最優先する価値観の広がりがあると思います。ですから、末吉さんたちが訴えている、エシカルな暮らしのために何をすべきかと言うと、とても難しいのですが、「価値転換」なのかなと思っています。

　生協（生活協同組合）さんは、組合員が2,300万人ほどいて多くの消費者へリーチができます。その人たちが変わるとインパクトは大きい。しかし、一生懸命エシカルなものを販売していますが、エシカル対応を明確に謳っている生協ブランド商品の売り上げは、増加しているとはいえ、まだ全体の販売額の７％くらいしかない。やはり、価格の高さが壁になっている。消費者の意識の転換、商品に対する「価値転換」をどう進めたらいいのかと思います。

末吉　先ほどおっしゃったように、日本人が昔から大切にしてきた精神性こそがエシカルです。「分相応」、つまり私たち人間の身の丈にあった暮らしを求めていく姿勢こそエシカルだと思います。地球一個分の暮らしをするために、サステナブルな素材に切り替えたり、リサイクルしたりするようになっても、大量生産・大量消費・大量廃棄していたら元も子もありません。全体の量をいかに減らして、自然から奪い続けるのではなく、自然が回復できるスピードの中で人間の身分相応で生きていくかだと思います。それこそ、価値転換がなければなりません。

国谷　現在の日本の価値観への道のりを考えてみます。「クローズアップ現代」は1993年から始まったのですが、バブルが崩壊した後、

人のリストラ、設備や資産のリストラが行われる中で、製造現場の海外移転が急速に進みました。たしか1995年くらいに、1個100円のゴルフボールが中国から入ってきて「えっ、ゴルフボール1個100円ですか！」と驚くことがありました。その後、次々とモノの価格破壊が起き、そのときはこんな価格で作れるはずがないと思っていたものが、いつの間にかその価格破壊的な値段に慣れていく。私たちは疑問も持たずに慣らされていってしまいました。その一方で製造企業が移転していくなか、雇用が失われ、地域が衰退するなど、多くのものを失いました。また海外の製造現場では、低賃金労働や児童労働など過酷な労働条件下で、輸出向けの安い商品が作られていました。しかし、私たちは立ち止まることなく、言い方はおかしいですが価格破壊に狂喜乱舞していたと言えます。

　大量消費、大量廃棄への道のりという点では、小型のペットボトルも例として挙げられます。日本では以前、プラスチックは埋め立て処分されていましたが、埋め立て場が不足するというので、小型のペットボトルは使用してはいけないということになりました。しかしその後、焼却炉での有害なダイオキシンの発生を防ぐには、高温で燃焼させることが必要ということになり、高温燃焼用の新たな大型焼却炉が次々と作られるようになりました。その結果、燃焼されると大きな熱量を出すプラスチックは、むしろ埋め立てではなく積極的に焼却処理されることになりました。またプラスチックの焼却は、その発生する熱を利用できるということで、サーマルリサイクルと呼ばれ、プラスチックの焼却処分もリサイクルの一環と位置付けられるようになりました。しかし、このサーマルリサイクルは、その過程で当然、二酸化炭素を排出していますし、海外ではリサイ

クルとして位置付けられていません。こうして、いったんは使用に
ストップがかかった小型のペットボトルも積極的に利用されるよう
になるなど、プラスチックボトルは急速に増えることになったので
す。そして今、プラスチックに関わる様々な問題が発生しています。
このことから、私たちは何を学べばいいでしょうか。

　それは、課題解決には「ホリスティック（全体的、包括的）」な眼差
しが必要だということではないでしょうか。そして、エシカルとは、
経済、社会、環境のそれぞれの側面をホリスティックに見ることな
のではないかと思うのです。プラスチックボトルの焼却についても、
その対応は、目の前の物事を解決するために対策が打ち出され、全
体を見ていなかったのではないでしょうか。私も、「クローズアッ
プ現代」で、忸怩たる思いをしたことがあります。番組では起きて
いる課題に対して、その都度、解決策を提示してきました。しかし、
数年経って同じ課題に立ち戻ってみたとき、その提示した解決策を
とったことによって、新たな課題、しかもより深刻な課題を引き起
こしているということを経験することがありました。自分たちは真
面目に考えて、真面目に解決策を提示したつもりなのだけど、それ
が決してサステナブルなソリューションにはならなかった。振り返
ると、やはり、木を見て森を見ていなかった、そう思います。

┃┃ 日本政府に求められる
┃┃ 社会課題解決に向けたビジョンの発信

——ここで唐突にお伺いします。お二人が社会課題に触れる中で、最近
「怒っている」ことはありますでしょうか。怒りで何かを変えるという
アプローチが常に正解を導くわけではないのですが、お二人の問題意識

の本音を知るための質問として、感じていらっしゃるもどかしさをお聞きしたいと思っていました。

国谷　やはり、政府にビジョンがなさすぎると感じています。どういう国にしたいのかというビジョンがあまりにも見えないことに私は苛立ちを覚えます。

　例えば、2050 年のゼロエミッション、脱炭素社会の実現ということは打ち出しましたが、その後の進みゆきを見ていると、本当にスピードを持って変える気はあまり感じられない。EUの場合は、ビジョンを掲げて方向性を出した後には、そのビジョンを実現するための関連した法律を次々に作り、企業に予見可能性を与えています。企業というのは間違った投資をしたくないため、予見可能性が欲しいと考える存在です。コンセンサスが形成され、法律化もされれば、ビジョンに向かってみんなが走り出します。

このことについても、EUのティメルマンスさんに「なぜ、次々と法律を作り、義務化などもするのですか？」とお聞きしました。すると、「これはむしろ企業からの要求なのです」とおっしゃいました。自分たちの投資が間違ったものとならないよう、むしろ企業から求められているのだというのです。今、2050年までにゼロエミッションというゴールを掲げているわけですが、こうしたことを掲げて社会づくりをしたことは今までにない。フォアキャスト、積み上げ型の政策はやってきたけれども、気候変動対策はまさにバックキャストで行っていかねばならない。では、ゴールに向けて、この国はどういうパスウェイ、道筋を作っていくのか。エネルギーを脱炭素化するだけではなく、サーキュラーエコノミー、すなわち循環型社会を実現することによっても脱炭素も進みます。あるいは、フードシステムを変えることや、再生型農業（リジェネラティブ農業）にすることによって脱炭素も大幅に進むということもわかっています。大きなビジョンを掲げて、すべてのシステム・仕組みがそのビジョンと整合性があるようにどんどん変革をしていかなければならない。脱炭素化社会へ向けて、どのような道筋をたどろうとしているのか、今の日本の政策には、そのわかりやすさがないことにも非常にもどかしさを感じます。

　日本には知恵がある、技術力は高い、お金もある、人材もいる。なので、本気でやればできるだろうと期待はしているのです。私は、内閣府に大きな司令塔を作るといいと思います。そこでチームを作って、どういう法律が必要なのか、どういうレギュレーションが必要なのかを進めていく。そのことで多くのことがスピードを持ってできるのではと思います。

——大変素晴らしい視点です。なぜ、ヨーロッパが社会課題解決に向けたビジョン発信とルールメイキングができるかというと、ヨーロッパの「パワー」の構造に答えがあるとされますね。ヨーロッパでは「軍事力」「経済力」と並列の存在として「規範力」があります。正しいことを言うこと自体に価値があり、規範を作るパワーが 3 つ目の柱としてあるのです。日本の場合、ルールメイキングはほぼすべて「経済」の内数として語られます。故に必ず、中小企業がついてこられるのかという問いが発生する。したがって、気候変動対策でも人権対応でも、企業に影響する政策は尖った部分が削られた状態で成立させられてしまいがちです。これに対してヨーロッパの「規範力」は、必ずしも経済のためではないため、大企業も中小企業も区別なく規範に沿った動きを求めるルールが打ち出されます。短期的に業績不振になる企業があったとしても、必要な企業淘汰を経て産業全体が進化していくという哲学があるのです。この考えに基づいたビジョンが、かつての「リスボン戦略」や「欧州2020」で、今の「欧州グリーンディール」にも繋がっている考えです。日本でもパブリックセクター（政府）、ビジネスセクター（企業）そしてソーシャルセクター（市民社会）が連携して大きな変革を期待したいですね。

末吉　ソーシャルセクターや市民の力で社会を変えていく。『エシカル革命』という新しい本でもそのようなことを書きました。そこに期待をしつつ変えていきたいと思っていますが、市民の声がなかなか届かない社会が日本です。一方、自分たちには声という力があり、その声で社会を変えていくことができる、ということをまだ知らない人たちがたくさんいます。そのことをもっと積極的に多くの人たちに伝えていきたいです。

食料問題、アニマルウェルフェア… 今注目すべき社会課題

――まさに先ほど国谷さんがおっしゃった、日本のビジョンのなさを嘆きつつも、政府に期待するだけでなく民間から変えたいという思いでエシカル協会は活動し、今回のエシカル白書刊行に繋がっていると言えますね。

　いよいよまとめへと進む前に、お二人が最近注目している社会課題があればお聞かせいただければと思います。

国谷　私は国連の食糧農業親善大使の日本担当をしているので、食料、農業とフードシステムの問題には特に関心があります。今世界の人口が78億人、これが2050年に向けて100億人近くになっていきます。地球環境を考えるとこれ以上森林を伐採して農地を増やすことはできません。しかし一方で、途上国も含めて様々な国が豊かになっていく中で、食料需要は人口の増大以上に高まっていきます。では、それらをどうやって賄っていけばいいのか。

　気候変動と絡み、今まさにアメリカの穀倉地帯などで水不足が起きています。例えば、とうもろこしの場合は、世界中の国々が5つの国にほとんどの生産を依存しており、そこで効率よく作られたものが世界中に運ばれるシステムで賄われています。大豆も小麦なども同様です。非常に限られた地域で大量に生産されており、今や途上国の中でも自国の主食を作らないところが増えています。そうした中で、肝心の穀倉地帯で、水不足によってその生産に影が差し始めているのです。日本の食料自給率は37％であり、いつでもどこでも世界中から食料を調達できる環境に慣れきってしまっています。

一方、いつの間にか日本で農業に携わっている人は大幅に減少、平均年齢も 68 歳となり、農村地域の面積も小さくなり荒廃が進んでいる。そして、跡継ぎもいないなどといった色々な課題に直面しています。気候変動など状況が深刻になることが予想される中、日本は食料の確保というリスクをどこまで深刻に受け止めているのだろうかと非常に危惧しています。

　日本の食料自給率を考えるとき、様々な課題が浮かび上がってきます。例えば、男性が学校を卒業してから地域に戻る割合に比べて、若い女性は戻ってこないということも、日本の農業人口の減少の一つの要因ではないでしょうか。女性が帰ってこない理由には、その地域にダイバーシティがないとか、女性の地位が低いとか、男尊女卑が著しいなどの色々な理由があります。食にまつわる課題には色々な問題が繋がっているので、私にとっては、とても重要な課題です。人間にとって一番大事な食べることを、このまま海外に依存していていいのだろうか、果たして、現在のフードシステムは、サステナブルだろうかと。

末吉　食の話に繋がるところで言うと、動物福祉です。日本ではまだなじみのない分野ですけれども、今後必ず国際社会からだけでなく、日本の消費者・生活者からも求められていくだろうというのがこの動物福祉の話だと思います。食べるものや着るものも、私たち人間は動物の犠牲の上に立って暮らしをしてきた。こういうあり方を手放していかなくてはいけないと思っています。ご存じの通り、ＥＵを筆頭に消費者・生活者が植物性たんぱく質を求める傾向に切り替わってきています。私自身はヴィーガン（菜食主義者）ではあり

ませんが、人間が動物を苦しめながら工場的な畜産をして、もっと
もっと、と言って大量に生産をして、消費をして、廃棄をしていく、
という暮らし方を終わりにしないと、温暖化の問題や人間至上主義
的な感覚もなくなっていかないだろうと。工場的な畜産を良しとす
る社会は、絶対にエシカルではないし、そういうところから人間の
戦争心理なんかにも繋がっていくことになるのかもしれない。色々
なことを考えるきっかけになるので、この動物福祉の話は私自身も
暮らしの中で取り組んでいきたいと思います。実際に牛肉をほとん
ど食べなくなっていますし、他のお肉も量を減らしていて。どんな
人も暮らしの中で始めようと思ったらできることですし、自給率の
話で言えば、そのあたりを変えていくと大きな転換になるのではな
いかと。

国谷　エネルギーも食も地域の中で自給できる、回していけるポテ
ンシャルはあるのです。それによって、地域もサステナブルになり
ます。電気代を地域の外に払わないで、地域の中で回す。VPP（バー
チャルパワープラント）などテクノロジーはあるわけですから、今あ
るテクノロジーを上手く組み合わせて地域分散型のエネルギーシス
テムを作ることができる。末吉さんは最近、電力会社を始められた
のですよね。

末吉　そうなんです！千葉県の匝瑳市でソーラーシェアリングを始
めて、太陽光パネルの下で発電をしながら、有機農業と組み合わせ
て大豆を育てています。エシカル協会で実践者として何かを始めた
いと思ったのです。

▍一人ひとりの行動こそが
▍社会を変革する力

——読者の方々に向けて、持つべき視点やすぐとるべきアクションをお二人からお話しいただけますでしょうか。

末吉　私はとるべきアクションを2つ提示したいと思います。一つはすべての人が消費者・生活者であるので、自分の暮らしの中でできることをすぐにでも始めること。それは食なのか、洋服なのか、日々着るものなのか、色々選択肢はあると思いますけれども、日々購入してきたものをエシカルなものに切り替えていくとか、なるべくごみを出さない生活をするとか、色々あると思いますがぜひ実践してほしい。暮らしの中でできることは、当たり前のように皆さんにやってもらいたいのですが、もう一つはさらに一歩踏み込んで社会との関わりの中でできるアクションです。私は『エシカル革命』

の中でも「エンゲージド・エシカル」という言葉で説明しているのですが、自分の暮らしだけじゃなくて、自分が一員となっている社会に対しても、よりよい未来のために働きかけをしていく、ということです。例えば、エシカルな製品をこういう理由で購入したいからぜひ置いてください、という要望を自分がよく使うお店あるいは企業に声として届ける。声に出さないと絶対にわからないので、声に出して届けることでお店や企業側も、そういう消費者・生活者がいるのだということを認識して、変わっていく後押しになると思うのですね。エシカルな製品を作って販売しても、消費者が買わないだろうと躊躇する企業が多いのも事実です。なので一歩踏み出し、変革の後押しになるために声を届けるアクションをとることがすごく大事だと思っています。企業に向けてだけでなく、地元の議員さんと気候変動やエシカル消費の話をするなど、政治との関わり合いの中で何かを変えるということもできるかもしれません。暮らしの中と社会との関わりの中でできることを、それぞれやってもらいたいなと思います。声を届けるということはお金を使わなくてもできますし、一人でもできます。実は若い人から、お金がないからエシカル消費ができないとよく言われるのですけど、声を届けることはできますよね。こうしたアクションを長く続ける秘訣は、仲間を作り楽しくやることです。

国谷　最近は、多くの人が情報収集では、本や雑誌、新聞を読まなくなり、ネット上でのお友達からの「いいね！」の情報を見て安心している傾向があると思います。「確証バイアス」という言葉がありますが、自分が信じていることが正しいということを補強してく

れる情報だけを選択し、受け容れる。そのことで自分が思っている
ことは正しいのだと思ってしまう傾向があります。先ほど申し上げ
たような「空間的に遠い」、「時間的に遠い」未来の危機感を共有し
ていくうえでは、やはりいかに自分の視野をホリスティックに、統
合的に、そしていつも自分がつきあっていない情報にも積極的にア
クセスをする必要がある。昔であれば、新聞をぱっと広げると、本
来関心のなかった情報も目に入ってきたわけですけれども、今はス
マホで関心のあるものだけをクリックをして、そうでないものはや
り過ごしてしまうことが多い。それを乗り越えていくうえでも、ぜ
ひ情報へのアクセスもホリスティックに、あるいは普段自分が話さ
ない人と話すことが大事だと感じます。例えば、先ほど末吉さんが
おっしゃったようにお店の人と対話してみる。このようなやりとり
をすることで、普段の自分とは違う視点や情報が入ってくるという
のはとても大事だと思うのです。今の時代は確証バイアスに簡単に
陥ってしまうのです。私自身も、気候変動のことばかり見てしまわ
ないように自戒しています。情報へのアクセスの仕方は、ホリス
ティックな見方をしていく、広い視野を持って考えていくうえでと
ても大事だと思っています。

――最後に国谷さんから、エシカル協会に対してアドバイスはあります
でしょうか。様々な社会課題に関連する情報発信や講座提供をしている
エシカル協会の、メディアとの補完関係などに関心があります。

国谷　繰り返しお話したように、メディアも目の前のことだけを伝
えがちです。日本全体が内向きになりがちなので、やはり世界的な

科学的知見についての情報や、専門性を持っている様々な個人や団体との接点を持つなど、広い意味でのメディアを一人ひとりが多く持つということが必要だと思います。メディア自体も問題意識を広げる、研ぎ澄ますということをしていかないと、内向きになりがちな社会の中で問題意識が外に広がっていきません。問題意識を外に広げていくうえでは、NGO、NPOやエシカル協会のような専門性の高い団体の存在は重要です。エシカル協会と連携をとりながら、自分たちの視野を広げていくことは大事なのではないかと思います。

末吉　ありがとうございます。そう言っていただきありがたいです。最後に一つ伺ってもいいですか。国谷さんは今の状況に対して、希望を感じていらっしゃいますか、それとも絶望……どちらですか。

国谷　私は今、東京藝術大学で理事をしており、SDGs推進室長を務めています。アートがSDGsにどう貢献できるかということを、芸術家の先生方と考えたり仕組みを作ったりしていて、新しい試みができるのではと感じています。今、コロナ禍でSDGｓにも逆風が吹いています。この6年の間に、達成したことが後退していて、減りつつあった極度の貧困層が増加、飢餓人口も増えています。また、地球温暖化をもたらす大気中の二酸化炭素濃度も加速度的に高まっています。プラスチックも相変わらず大量に使用されて、海を汚染していますし、違法な森林伐採も続いています。SDGsの進み具合については後ろ向きな情報が多い。ですが、末吉さんが本の中で書いていらっしゃるように人口の3〜5％が変われば、社会は変わっていくのではないかということを信じて希望を持ってSDGsの

啓発活動を続けています。変革というのは、今までの延長線上の変化では起きないので、本質的な変化をしていくうえでは、クリエイティビティやアートの力は重要だと思います。藝大は宿題を与えたら、45 人の生徒から 45 通りの答えが返ってくるところです。そういう人材がもっと社会で活躍できるようにしたいと私は思っています。全く違う視点で物事を見ることができ、答えを出すことができる人たちが活躍できるような教育モデルなどを作り、彼らが社会的な意識をもっと高めることによって、その人材が社会と接続していくことで変革が生み出せるのではないかと希望を持っております。

末吉　その言葉を聞けてすごく嬉しいです。

国谷　末吉さんはいかがですか。

末吉　私も希望を持っています。行動に希望を見出しています。

国谷　行動することによって、少しでもね。本の最後にも書いてありましたね。「Just do it!」と。

末吉　「Close your eyes and just do it!」
　　やっぱり楽しくないと続いていかないので、ワクワクするようなこと、芸術は人の心を動かすものですよね。ぜひとも、今後クリエイティビティのところも機会があればご一緒したいです。本日は長い時間ありがとうございました。

2

エシカル消費を通じて
今考えるべき
社会課題

脱炭素

「脱炭素」に向け大きく舵を切った世界

　2020年から2021年にかけて、世界は脱炭素に向けた取り組みを加速させました。日本では、2020年10月26日、菅首相（当時）の「2050年カーボンニュートラル」宣言によって脱炭素化が大きく意識されることとなりました。さらに、2021年4月22-23日に開催された米国主催気候変動サミットにおいて、2030年には温室効果ガス46％削減（2013年比）を目指すことを宣言しました。2050年カーボンニュートラルの長期目標と整合的で、野心的な目標として掲げられました。

　先進国を中心に、世界各国も脱炭素化に向けた宣言をしています。脱炭素化に向けて先行するのはEU（欧州連合）です。2020年9月、フォン・デア・ライエン欧州委員長は、2030年に域内の温暖化ガスの排出量を1990年比で55％減らすと表明しました。従来目標の40％減から大幅に引き上げ、他国と比べても突出した水準となっています。アメリカは、バイデン大統領の就任初日に地球温暖化対策の国際的枠組み「パリ協定」に復帰しました。地球温暖化に対し否定的な立場だったトランプ前政権の4年間で、アメリカの気候変動対策が他国に大幅に遅れたことへの危機感があったとされています。就任100日を迎える前に気候変動サミットを開催したことも、バイデン大統領が脱炭素化を重視する表れと言われています。バイ

デン政権は、サミットにおいて、温室効果ガスを「2030年までに2005年比50%削減」とする目標を発表しました。オバマ政権が掲げた「2025年までに2005年比26〜28%削減」の目標を大幅に上回る目標です。中国も脱炭素を宣言しています。2020年9月の国連総会で、習近平国家主席は「二酸化炭素の排出量を2030年までに減少に転じさせ、2060年までに実質ゼロにする」と表明しました。世界のCO2排出量28%を占める最大の排出国である中国の突然の脱炭素化表明は当時世界を驚かせました。

　このように、世界では脱炭素化の流れが加速していますが、その背景には気候変動に対する強い危機意識があります。

気候危機の阻止に残された時間はあと8年

　脱炭素化に向けた2050年ネットゼロの宣言は、2015年に採択されたパリ協定が関係しています。パリ協定は、2020年以降の気候変動問題に関する国際的な枠組みで、1997年に定められた京都議定書の後継となるものです。京都議定書では、先進国に対してCO2などの温室効果ガス（GHG）の削減が要求された一方、パリ協定は開発途上国も含めた世界全体でのGHGの削減を求めており、すべての国が参加する枠組みとして画期的なものです。許容し難い気候変動の悪影響の回避という観点から、「世界の平均気温上昇を産業革命以前に比べて2℃より十分低く保ち、1.5℃に抑える努力をする」ということが合意されました。この1.5℃目標の達成のためには、2050年までに世界全体のGHG排出量を森林や海洋などの吸収分を差し引いて実質ゼロにする必要があり、世界各国が2050年ネット

ゼロを宣言するに至っているのです。また、1.5℃目標実現のためには、2030年までにCO₂排出量を2010年比45%減少させる必要もあるとされています。2030年までに徹底した対策を講じなければ、後戻りできない「ポイント・オブ・ノーリターン」を過ぎ、人類にとって破滅的な状況を招きかねないと多くの専門家が警告しています。気候危機の阻止に残された時間は、2022年時点で、あと8年しかないのです。

事実、気候変動対策は待ったなしの状況となっています。国連の気候変動に関する政府間パネル（IPCC）が2021年8月に発表した最新報告書は、「人間の影響が大気、海洋及び陸域を温暖化させてきたことは疑う余地がない」という強い表現で断定しています。これは従来よりも踏み込んだ表現で、多くの科学者が確信をもって気候

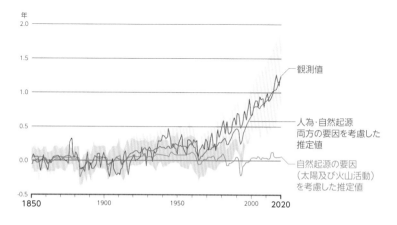

世界平均気温の変化（1850〜1900年との比較）

出所：IPCC第6次報告書、経産省IPCC報告書要約、環境省「IPCC「1.5℃特別報告書」の概要」2019年7月版、JCCCA等

変動の危険を断定したのです。そして、早急に対策を講じなければ、気候変動の影響を特に受けやすい国々が「絶滅の瀬戸際」に立たされるとも警告をしています。

異例の石炭火力削減に合意したCOP26

2021年11月にイギリスのグラスゴーで開催されたCOP26は、このような危機的状況の中において、気候変動対策の正念場と言われていました。COPとは、「締約国会議 (Conference of the Parties)」の略で、「気候変動枠組み条約」の加盟国が、地球温暖化を防ぐための枠組みを議論する国際会議です。COP26は、各国がどこまで具体的な施策を提示し、結果にコミットできるかが焦点とされており、曖昧なまま議論が終わると解決に向けてなすすべはないと言っても過言ではありませんでした。

COP26では「グラスゴー気候合意 (Glasgow Climate Pact)」が採択されましたが、その合意の中で特に重要視されたのが、前述のパリ協定の1.5℃目標の位置付けでした。パリ協定採択の後も科学的知見が積み上げられ、気候変動の悪影響を緩和するためには1.5℃目標の実現が不可欠であるという認識に移りつつあります。グラスゴー気候合意では、その世界的潮流も反映し、「世界の平均気温の上昇を、工業化前の水準からプラス2℃をはるかに下回る水準にし、1.5℃に抑える努力を追求するという長期的な世界目標を再確認する」という文言が盛り込まれました。これは、世界の気候変動対策の基準が1.5℃にシフトしたことを意味しているのです[1]。

また、合意文書では石炭火力の段階的削減が言明されました。気

候関連合意文書が石炭火力削減のようなGHG削減の具体策に踏み込むのは初めてで、極めて異例です。採択までの展開も予想外のものでした。合意文書の議長案では石炭火力の「段階的廃止」まで踏み込んでおり、採択当日の午後には多くの国が賛同の意見を述べ、あとは採択を待つばかりという空気感でした。しかし、中国とインドが反対したことにより採択直前に文言が「段階的削減」に変更されるという急展開がありました。採択には全会一致が必要であるため、最終的に「段階的削減」を合意文書に盛り込むこととなったのです[2]。この結果に対する各国の反応は立場により様々でしたが、それでも、気候変動の原因となるGHGを排出する石炭の使用削減について、国連の気候関連合意文書が言明することの意義は大きいと言えます。

パリ協定 第6条のルールが最終決着したこともCOP26の大きな成果とされています。第6条は、削減したGHGの国際取引に関するルールを定めたもので、各国の思惑が異なることからCOP24（2018年）、COP25（2019年）でも合意に至りませんでした。三度目の正直であるCOP26で、パリ協定のルールブックが6年越しに決着したのです。最大の懸案だったカーボンクレジットの販売国と購入国の「二重計上」の問題では、販売国は他国に販売した場合、自国の削減目標にはカウントできないことが明確化されました[3]。また、途上国はパリ協定より前の京都議定書に基づく削減も認めるよう要求していましたが、先進国の中には2020年に適用を開始したパリ協定以降のものに限定すべきだとの意見がありました。最終的に、2013年以降に国連に届け出た分を認めると合意がなされました。国際排出枠取引は「市場メカニズム」と呼ばれ、今回の合意でルー

COP26の主な合意内容

1.5℃目標の 公式文書への明記	■ 世界の気候変動対策の基準が1.5℃にシフト ■ 「世界の平均気温の上昇を、工業化前の水準からプラス2℃をはるかに下回る水準にし、1.5℃に抑える努力を追求するという長期的な世界目標を再確認する」という文言が明記
石炭火力発電の 「段階的削減」	■ 合意文書案には当初、石炭の使用を「段階的に廃止」という表現 ■ インド・中国の反対を受け最終的に「段階的削減」という表現で合意 ■ 非効率な化石燃料への補助金は「段階的に廃止」と明記
パリ協定第6条の ルール整備 (市場メカニズム)	■ クレジットの二重計上の防止が合意 ■ 2013年以降に国連届出分のみを認可(京都議定書時代の古いクレジットのパリ協定への持ち越しの防止) ■ 利益の一部を途上国支援のために拠出する仕組み構築が条件付き合意
多様な有志連合 による声明	■ 脱石炭火力連合「先進国は2030年に廃止、途上国は2040年に廃止」 ■ グローバル・メタン・プレッジ「2030年までにメタン排出を30%削減」 ■ 自動車に関する声明「新車販売で、世界全体で2040年までにゼロエミッション車とすることを目指す」

出所:JETRO、BBCニュース、日経新聞等各種公開情報

ルが完成したことにより、各国で活用が広がることが期待されています。

　COP26の合意内容は、当初期待されていたものよりも見劣りする部分もあり、完璧とは言えないものかもしれません。それでも、世界の気候変動対策の目標が1.5℃にシフトし、その実現の手段として石炭火力の段階的削減と市場メカニズムについて合意ができたことは、「ゲームチェンジング」なものと評価できるのではないでしょうか。この合意を単なる政府レベルの約束に終わらせず、地球温暖化を1.5℃に抑えるためのアクションをとることが、企業、そして私たち一人ひとりに求められています。

カーボンニュートラルに動き出す企業

　企業もカーボンニュートラルに向けた取り組みを進めています。アメリカでは、例えばテック企業のGAFA（Google、Apple、Facebook、Amazonの総称）などが事業活動の脱炭素化に踏み切っています。企業や個人によるデータ利用の増加に伴い、電力消費量は増え続けています。国際エネルギー機関（IEA）によると、2019年の世界の電力購入契約は、テクノロジー分野が全体の3割強の640万キロワットを占めました。3年前の2016年から3倍となり、製造業（180万キロワット）の3倍以上となる計算です。データセンターを多く持つテック分野の巨人であるGAFAは、増え続ける電力消費量を賄いながらも、電力消費に伴うCO_2排出量を削減することを目指して野心的な目標を掲げています。

　例えば、2020年、Googleは2030年までに自社のオフィスや世界中のデータセンターで使うエネルギーの100％「カーボンフリー」化を目指すと発表しました。同社はそれまでもカーボンニュートラルに積極的に取り組んでおり、2017年からはオフィスとデータセンターで使用する全電力を100％再生可能エネルギーに置き換えてきました。すなわち、年間を通して全世界で見れば、省エネに加えて再エネを購入することで、使用する電力がオフセットできている状態です。しかし、事業拠点及び時間帯によっては必ずしもそうではないところが課題でした。そこで、「24時間・365日にわたり再エネの電力を100％使用できる体制の確立」を次の目標として掲げたのです。具体的な取り組みも始まっています。例えば、AI（人工知能）を活用した電力需要の予測をするプロジェクトが立ち上がり

ました。再エネは天候により発電量が左右され、データセンターの情報処理のピーク時に電力を賄えない点が課題とされています。そこで、AIを活用して、データセンターで処理する情報量を予測したうえで、再エネの発電量が多い時間帯にデータ処理のピークをシフトさせることが有望視されています。技術的に難しい点はまだ多いものの、他社とも連携しながら24時間365日カーボンフリーエネルギーの実現を目指しています[4]。

　欧州は脱炭素に向けたルール作りで世界をリードしていますが、グリーンビジネスの先進企業も多く存在します。洋上風力世界最大手であるデンマークのオーステッドはその一つです。同社は、元々は北海における石油とガスの探査と生産、そして石炭火力発電所をベースとする発電を主力事業としていました。しかし、2009年に事業転換のきっかけとなる出来事がありました。デンマークで開催されたCOP15です。世界共通の目標を設定する会議と位置付けられたものの、先進国と途上国の交渉が決裂し、史上最も落胆されたCOPとする専門家もいます。しかし、地元のエネルギー企業であったオーステッドの受け止め方は異なりました。オーステッドの前身であったドン・エナジーの主要株主であり、またCOP15のホスト国であったデンマーク政府にとって、再エネへの転換は大きな課題であり、集中すべき議題として取り上げられたのです。このCOP15の議論によって再エネへの転換を強く認識した同社は、以降、洋上風力発電の産業化を進めてきました。2000年代後半当時は陸上風力発電が一般的で開発が進んでいたため、別の未開拓の分野で他社と差をつけるチャンスを狙ったのです。洋上風力へのシフトは大きな賭けでしたが、シーメンスなどの発電機メーカーとともに、

洋上風力発電機の大型化に注力し、発電コストを大幅に引き下げることに成功しました。欧州で産業化の手応えをつかんだオーステッドは、世界展開を加速しており、洋上風力の分野のリーディングカンパニーとなっています[5]。

　日本企業の取り組みは欧米と比べると遅れていると言われていましたが、2020年の「2050年カーボンニュートラル」宣言をきっかけに、事業活動の脱炭素化に向き合う企業が増えてきたのではないでしょうか。例えば、TCFD（気候関連財務情報開示タスクフォース）の提言に賛同する企業・団体数は、2020年9月時点の310から2021年12月時点で670と、日本が世界最多となっています。TCFDは既存の財務情報に環境リスクとその対応状況を加えて公開することを提言しており、企業や組織の率先した環境問題への取り組みを促し、かつ金融機関や投資家のESG投資を促進させながら、

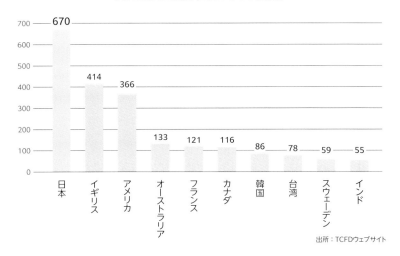

TCFD賛同企業数（2021年12月時点）

出所：TCFDウェブサイト

持続可能な低炭素社会への速やかな移行を目的としたフレームワークです。もちろん、TCFDに賛同しただけでは、企業の脱炭素化は実現しません。しかし、このように対外的に情報を開示することにより、カーボンニュートラル経営への転換が加速すると期待されています。

脱炭素に向けて私たち消費者ができること

　脱炭素化に向けて社会が動き出す中、私たち消費者ができることは何でしょうか。ここで、動き出す消費者の取り組みをご紹介します。

　Fridays For Future（未来のための金曜日）という学生たちが中心となって行う気候変動問題に向き合うためのアクションがあります。2018年8月に、今は環境活動家として知られるグレタ・トゥーンベリさんが、気候変動に対する行動の欠如に抗議するために、一人でスウェーデンの国会前に座り込みをしたことをきっかけに始まりました。彼女はその後も、金曜日に座り込みを続けたのです。彼女の行動はSNSを通じて世界中に拡散され、大きな動きとなっていきました。2019年2月には、日本でのFridays For Futureの運動が東京から始まりました。発足以来、学生たちを中心に徐々に全国各地に活動が広がっています。2019年2月22日に、Fridays For Future Japanの初めての活動が国会議事堂で行われました。参加人数はたった15人で、集まったメディアの数よりも少ない始まりでした。その後、2019年の日本で初めてのグローバルストライキでは、東京と京都で合わせて300人が参加し、5月に行われた3回目のマー

チでは450人の動員になりました。同年9月20日に行われたグローバル気候マーチには、全国27カ所で計5,000人が参加しました。その後も気候変動を求める署名の提出やアクションなどの活動は広がっています。Fridays For Futureの活動は、これからの世代を背負う若者からの気候変動対策を求めるメッセージなのです。

　メッセージを発信する以外にも私たちができることはあります。例えば、家で消費する電気を再エネに切り替えることもその第一歩です。また、スーパーやコンビニなどでレジ袋はすでに有料化されていますが、使用する人も未だ多いのではないでしょうか。レジ袋の消費をやめることも、消費者ができるカーボンニュートラルへの第一歩です。レジ袋1枚10グラムを1回使用して焼却する場合、製造する際のCO_2排出量は30グラム、焼却する際のCO_2排出量は31グラムであり、合計61グラムのCO_2が排出される計算です。日本ではおよそ300億枚のレジ袋が消費されており、もしレジ袋がすべて焼却処理されると単純計算で1兆8,300億グラムもの二酸化炭素が発生することになります。レジ袋の消費削減は、これだけの量の二酸化炭素排出を防ぐことに繋がります。

　カーボンニュートラルや気候変動というテーマを目の前にすると、その大きさや重大さに圧倒されてしまうかもしれません。しかし、私たち一人ひとりが、脱炭素に繋がるような行動を起こし、そしてその意思表示をしていくことが、政府や企業の行動を変えることに繋がります。私たちの行動と意思表示が、未来を変える力になっていくのです。

（一般社団法人エシカル協会理事／
株式会社オウルズコンサルティンググループ　プリンシパル　大久保明日奈）

1.   WWF「COP26閉幕!「グラスゴー気候合意」採択とパリ協定のルールブックが完成」：
     https://www.wwf.or.jp/activities/activity/4747.html／日本経済新聞「COP26の成果文書
     「グラスゴー気候合意」要旨」：https://www.nikkei.com/article/DGXZQOUA150WS0V
     11C21A1000000/（最終アクセス2022/03/01）

2.   東京新聞「石炭火力「廃止」が「削減」に…COP26、中国とインドの抵抗で採択直前に文言が
     変更に」：https://www.tokyo-np.co.jp/article/142846（最終アクセス2022/03/01）

3.   サステナブルジャパン「COP26、パリ協定第6条ルールが最終決着。カーボンクレジット二重
     計上厳禁。非課税扱い」：https://sustainablejapan.jp/2021/11/15/cop26-paris-agree-
     ment-article-6/68088／日本経済新聞「13年以降の削減も算入、排出枠取引ルール合意
     COP26」：https://www.nikkei.com/article/DGXZQOUA153A40V11C21A1000000/
     （最終アクセス2022/03/01）

4.   Google The Keyword, "Our data centers now work harder when the sun shines and
     wind blows"：https://blog.google/inside-google/infrastructure/data-centers-work-
     harder-sun-shines-wind-blows/／Google Sustainability「2030 年までに 24 時間 365
     日カーボンフリー エネルギーで事業を運営する」：https://sustainability.google/intl/ja/
     progress/energy/（最終アクセス2022/03/01）

5.   日経ビジネス「洋上風力最大手オーステッド幹部「東電は15年前の我々に近い」」：https://
     business.nikkei.com/atcl/gen/19/00122/110500099/／同上「洋上風力最大手、オース
     テッド幹部が語る「黒から緑へ」の大転換」：https://business.nikkei.com/atcl/gen/19/
     00122/110400098/（最終アクセス2022/03/01）

▶ 海洋プラスチック

魚よりも海洋プラスチックが多くなる未来

　私たちが生きている地球は、海が大部分を占めています。海が地球というシステムを維持するうえで重要な役割を担っていることは疑いようがありません。海水が循環することで気温・気候が調整されたり、生き物や栄養塩[1]が移動します。また、海の水と陸の水はお互い循環する関係にあります。

　海の生態系も非常に重要な役割を果たしています。地球上にいるすべての生物を重さで表したとき、その90％は海の生物と言われています。また、海洋には1,000万種類以上の生物がいるとされており、陸上に住む生物の約100万種類を凌駕しています[2]。この海

一年間に新たに海洋に流入するプラスチックはジャンボジェット5万機分

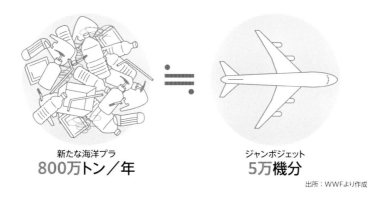

新たな海洋プラ
800万トン／年

ジャンボジェット
5万機分

出所：WWFより作成

の多様性は、私たち人間を様々な角度から支えています。例えば、海の生物を主なたんぱく源としている人々は世界で30億人を超えています[3]。また、海の生物多様性が保たれているおかげで気候の調整や水質の浄化[4]なども行われているのです。

　海とそこに住まう生物はこのように私たちを支えてくれる存在ですが、2016年の世界経済フォーラム総会（通称「ダボス会議」）において、衝撃の予測が発表されました。このままのペースでプラスチックが増え続ければ「2050年には、海の中のプラスチックの重量が、魚の重量を超える」というものです。世界の海にすでに存在していると言われるプラスチックごみは合計1億5,000万トン[5]で、少なくとも年間800万トンが新たに流入していると推定されています[6]。この800万トンという重さは、最低でもジェット機5万機分に相当します。強い耐久性を持ち、安価に生産できることから、包装容器、洋服、自動車など、生活のあらゆる場面で利用されているプラスチックですが、海洋に流出することでどのような課題が引き起こされているのでしょうか。

海の生態系、人の健康、そして気候変動にも影響を与える海洋プラスチック

　海洋プラスチックは、海の生態系に大きな影響をもたらしています。海洋ごみが原因で、魚や海鳥、ウミガメ、アザラシなどの海洋哺乳動物などが傷つけられ、命を落としています。このうち約9割がプラスチックによるもので、漁網に絡まる、餌と間違えて食べてしまうことなどが原因とされています。その中でも、「ゴーストネッ

ト」と呼ばれる廃棄された漁網に海の生物が誤って絡まり、ひどい
場合には何年間も苦しみながら命を落とす問題が、世界各地で発生
しています。環境省の調べによると、海洋ごみのうちプラスチック
はなんと6割以上を占めます。

海洋ごみ内訳

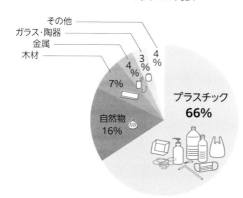

出所：環境省（海洋ごみをめぐる最近の動向（平成30年9月 環境省））より作成

　また、5mm以下のマイクロプラスチックも深刻な影響を与える
課題です。マイクロプラスチックの発生原因は大きく2つに分かれ
ます。一つは、元々が5mm以下の小片として製造されたプラス
チックで、一次マイクロプラスチックと呼ばれます。マイクロビー
ズと呼ばれるミクロン以下の小さなプラスチック微粒子は化粧品な
どに含まれます。また、ペレットと呼ばれるプラスチック製品の原
料や、塗料粉、繊維くずなども一次マイクロプラスチックに該当し
ます。また、河川を通じたり、直接海に捨てられたりしたレジ袋や
ペットボトルなどのプラスチック製品が、紫外線や波の力で劣化し
て5mm以下の破片になったものは二次マイクロプラスチックと呼

ばれます。二次マイクロプラスチックの年間発生量は約100万トンだとする調査も発表されています[7]。

　このマイクロプラスチックは、海の中の食物連鎖によって人の健康にも影響を及ぼします。2015年に行われた研究では、東京湾で捕ったカタクチイワシの8割近くの臓器からマイクロプラスチックが見つかりました。他にも、ハシボソミズナギドリやオオヤドカリの消化管からもマイクロプラスチックが検出されています。つまり、プラスチックが生態系の隅々にまで入り込んでいることが明らかになってきたのです。懸念されるのは、食物連鎖によってマイクロプラスチックを通じた汚染が起きることです。品質を向上させるため、プラスチックには様々な化学物質が添加されており、なかには有害なものもあります。それらはマイクロプラスチックになっても毒性が残るとされています。また、石油から作られるプラスチックは、PCBなど海底の泥や海水中に溶けている有害化学物質を表面に吸着させる働きを持っていると言われています。小魚がマイクロプラスチックを取り込むと、それを食べる大きな魚に有害物質が蓄積されていくのです。これは、最終的には食物連鎖の頂点で、魚介類を食べている私たち人間と繋がっていく恐れがあります[8]。

　また、海洋プラスチックは地球温暖化を加速させる可能性もあります。前項でも気候変動対策の必要性を取り上げましたが、早急にGHG排出量を削減しなければ異常気象は加速していき、仕事や食、健康、文化など暮らし全般に大きな影響をもたらすと予測されています。代表的なGHGとしてCO_2が挙げられますが、メタンの存在も忘れてはなりません。メタンはすべてのGHGが地球温暖化に与える影響の23％分を担っており、同じ重量で比較するとCO_2より

強い温室効果を持っています[9]。実は、レジ袋やペットボトルなどのプラスチックごみは太陽光や水にさらされると劣化が進む過程でメタンガスやエチレンガスを発生させることが、研究により明らかになりました。今まで廃棄プラスチックからメタンガスが発生しているとは想定されていませんでした。海洋に流出したプラスチックからどれくらいのメタンガスが排出されているか、現時点では詳しい数字は明らかになっていません[10]。ただ、気候変動対策が待ったなしとなっている今、海洋プラスチックへの対応も考えなければなりません。

海洋プラスチック問題に対する先進国の責任

　海洋プラスチックごみの排出量は、アジア諸国からによるものが全体の約8割を占めるとされています。Minderoo Foundationによると最大の排出国は中国で、2019年では年間約2,500万トン弱排出したとされており、インド、インドネシア、ベトナムと続きます。これらの国で生産されるプラスチックの管理が不十分であることも一因ですが、実は先進国もこの状況を生み出すことに加担しています。リサイクル困難なプラスチックごみが欧米や日本などの先進国からアジアの発展途上国に持ち込まれ、川や運河、湖に捨てられて最終的に海洋に流れてしまっている現実から目を背けてはなりません。アジアの新興国の倫理問題として矮小化させるのではなく、先進諸国も一緒に対策を考える必要があるのです[11]。

　もちろん、日本も無関係ではありません。日本はプラスチックの生産量で世界第3位であり、特に一人当たりの容器包装プラスチッ

クごみの発生量については世界第2位となっています。日本のプラスチック消費量は年間約1,000万トンで、一人当たりに平均すると年間70キログラム以上と、大人の男性の平均体重よりも重いプラスチックを使っている計算です。また、日本近海でのマイクロプラスチックの濃度は、世界平均の27倍にも相当するという調査結果もあります。日本から出たプラスチックごみに加えて、前述のアジアの国々から出たものが北上しつつ、日本列島を囲む黒潮、対馬暖流といった海流によって運ばれてくるのです。

　プラスチック消費量の観点で、日本は、海洋プラスチックに国際的に責任を持たなければならない立場にあります。また、マイクロプラスチック起因の人々の健康への悪影響も考慮すると、海洋プラスチックの問題は他人事ではなく、今まさに対応が求められる社会課題なのです。

新型コロナウイルス感染拡大によって急増するプラスチック消費

　新型コロナウイルスは、世界中の経済活動を停滞させました。一見すると、環境に良い影響もあるのではと思う人も多いかもしれません。しかし、実は新型コロナウイルスの感染拡大は、世界各地でプラスチックごみの急増を引き起こしています。使い捨てマスクやゴム手袋、アルコール消毒液などのプラスチックケース、除菌ペーパーといった感染予防のためのごみが増えました。また、外出自粛によるネット通販や、飲食店からのテイクアウト・デリバリーのごみが大幅に増えていることも見逃せません。イギリスでは、ロックダウンにより家庭ごみが急増した一方で、ごみ収集の休止などの影

響で不法投棄が300％増えたと報告されました。タイの首都バンコクにおける 2020 年 4 月の 一日当たりのプラスチックごみの排出量は、前年比 62％ も増加し 3,432 トンとなりました。ルーマニアでは、緊急事態宣言前には 一日当たり10 トン未満であった家庭ごみの排出量が、ピーク時には70 トン以上になったと推計されています。日本でも、全国の大都市部における家庭からのプラスチックごみの排出量は2020年4月から7月にかけて、前年同月比で10％前後増加していると報道されました。

　このプラスチック使用量の増加は、海洋プラスチックの流出も加速させています。例えば、海洋保護団体オーシャンズアジアの報告書では、2020年、15億6,000万枚のマスクが海に流出したと推定されています。世界で製造されるマスクの約3％に当たる量が海に流れ出た計算です。使い捨てマスクの多くはプラスチック素材でできていますが、分解するのに450年ほどかかるとされており、その過程でマイクロプラスチックに変化していくのです。新型コロナウイルスが途上国の脆弱な立場に置かれる人々に深刻な影響をもたらしていることに注目が集まっていますが、海洋プラスチックの課題を深刻化させる可能性をはらむことも理解する必要があります。

プラスチック問題への対応を進める世界各国

　海洋プラスチック問題の解決のためには、3R、すなわちリデュース（Reduce）＝出すごみの総量を減らすこと、リユース（Reuse）＝再利用すること、リサイクル（Recycle）＝再生産に回すことが必要です。これを徹底することが、海に流入するプラスチックを減らす

ことに繋がります。この実現に向けて、世界では各国が対策を講じています。

　2018年1月、EUの執行機関である欧州委員会は「プラスチック戦略」を発表しました。2030年までに使い捨てプラスチック包装をなくし、すべてを再利用または素材としてリサイクルすることを目指すというものです。目標達成のために新ルールや「プラスチック税」の導入の可能性も報じられています。また、2021年5月、フランス政府は、2040年の使い捨てプラスチック包装の市場投入（上市）禁止に向け、2021〜2025年末まで5年間の中間目標を定めた3Rに関するデクレ（政令）を公布しました。使い捨てプラスチックについては、2020年2月に施行した循環経済法により、2020年からコップ、グラス、皿類、2021年からストロー、ナイフ・フォー

EUプラスチック戦略における主な対策

リサイクルの経済性と質の改善	■ リサイクルを容易とする製品設計 ■ 廃プラの分別回収の拡大・改善 ■ 分別リサイクル能力の拡大・近代化 ■ 再生プラ及び再生可能プラの市場拡大
廃プラと投げ捨てごみの抑制	■ 使い捨てプラの削減 ■ 海洋ごみの効果的な監視と海洋ごみの抑制 ■ 待避可能・生分解性プラの定義及びラベリング
循環型ソリューションに向けた投資と技術革新	■ バリューチェーンにおける投資・技術革新の促進
国際的な取り組み	■ 主要地域に注目したプラ汚染の防止・削減対策 ■ 分別廃プラ・再生プラの国際基準やリサイクル施設の認証体系の開発支援

出所：欧州委員会より作成

ク類への使用が禁止となっています。また、2022年からはティーバッグ、ファストフード店の子ども用おもちゃなどへの使用、2024年からはマイクロプラスチックを含む医療機器の販売が禁止となる予定です[12]。

　欧州は先進的な環境対応を推進していますが、他の国もプラスチック排出量削減の対策を計画・導入しています。アメリカでは、マイクロプラスチックの一種であるマイクロビーズへの規制が進んでいます。2014年2月にはニューヨーク州政府が、マイクロビーズを使用した製品の販売を禁止する法案を議会に提出しました。2015年10月にはカリフォルニア州政府で、生分解性のものも含むマイクロビーズの使用を2020年までに禁止する法案が制定されました。2015年12月には、連邦法である「マイクロビーズ除去海域法」が成立しました。それにより、マイクロビーズを含む製品が2017年7月から製造が禁止、2018年6月から販売が禁止となったのです。また、新興国も取り組みを進めています。2018年、マレーシアは使い捨てプラスチック製品の使用を2030年までに全面的に禁止し、使い捨てビニール袋には課税する方針を発表しました。東南アジアでは初となるプラスチック製品禁止の動きです[13]。2019年には、インドも使い捨てプラスチック廃棄を宣言しました。衛生環境改善に向けたスローガン「クリーン・インディア」の一環として、2022年までにプラスチック製カップやストロー、皿、ビニール袋、小型ペットボトル、特定の個別包装といった6種の使い捨てプラスチックの利用を全国で禁止する取り組みを始めるというものです[14]。

日本の海洋プラスチックへの取り組みは世界基準から周回遅れ

　では、日本の取り組みはどうでしょうか。プラスチック問題への
対策として、まず考えるべきリサイクルへの取り組みを見ていきま
しょう。日本は、リサイクルの取り組みが進んでいるとされていま
す。日本政府は、リサイクルには、「マテリアルリサイクル」「ケミ
カルリサイクル」「サーマルリサイクル」の3つがあると定義してい
ます。2020年の日本の廃棄プラスチック（廃プラ）の有効利用率は
81.6％と公表されていますが、その実態は他国と比べると遅れてい
ると言わざるを得ません。

　廃プラのうち57％は、「サーマルリサイクル」という処理がされ
ています。これは、燃焼の際にエネルギー回収をしながら、燃やし
て処理するというものです。回収された熱は火力発電や温水プール
に利用されたりしており、ごみを用いた火力発電は「ごみ発電」と
も呼ばれています。燃えやすいプラスチックごみをエネルギーに変
えられるという点でサーマルリサイクルにも一定の意義はあります
が、欧米基準ではサーマルリサイクル（ENERGY RECOVERY）はリサ
イクルに含まれません。また、モノからモノへと生まれ変わらせる
「マテリアルリサイクル」は、廃プラの22％を占めますが、その大
部分は国外に輸出されてからリサイクルされていて、国内でマテリ
アルリサイクルされている割合は非常に少ない状況です。「ケミカ
ルリサイクル」は、廃プラを分子に分解してからプラスチック素材
に変えるので、何度でも再生できるものですが、分子に分解する工
程に資金やエネルギーが必要とされます。そのため、約8割とされ
るリサイクル率のうち、ケミカルリサイクルはわずか3％しか占め

ていません[15]。「日本はリサイクルが進んでいる」と考えていると、本質的な海洋プラスチック問題の解決には結びつかないのです。

　また、海洋プラスチック問題の解決には、生産・使用削減など、リサイクル以外の取り組みも不可欠です。しかし、政策面での改善でも、日本は遅れを取っています。2018年6月、カナダで開催されたG7シャルルボア・サミットにて、プラスチックの製造、使用、管理及び廃棄に関して、より踏み込んで取り組むとする「G7海洋プラスチック憲章」に日本は署名しませんでした。また、2020年7月にレジ袋有料化がスタートしましたが、他国のプラスチック使用量削減の政策と比べると見劣りするものにとどまっています。

　海洋プラスチックを取り巻く課題の現状を踏まえると、取り組みは急務となっています。プラスチックの大量消費国として、日本は国際社会において責任を果たすことが求められています。そのためには、政策の立案に加えて、プラスチック代替材の開発や商品に対する過剰包装の改善など、企業に求められる役割も大きいと言えます。そして、消費者の意識と行動が変わることも必要です。

　では、消費者は何を行うべきなのでしょうか。世界で廃棄されるプラスチックのうち、約5割がペットボトルやレジ袋、食品トレーなど一度利用されただけで捨てられてしまう「使い捨て用」に使われることの多いパッケージ用だとの調査があります[16]。2018年の環境省の調査によると、小売店におけるレジ袋、袋、フォーク、スプーンなどの提供が過剰であると回答した方は6割超でした。私たちができる取り組みとして期待されるのは、一見すると小さな、マイバッグ・水筒の使用やごみの分別の徹底、企業への使い捨てプラスチックの削減の要望などではないでしょうか。一人ひとりが行動

し、意見を届けることが、海洋プラスチックの問題解決の力になる
はずです。

（一般社団法人エシカル協会理事／
株式会社オウルズコンサルティンググループ　プリンシパル　大久保明日奈）

1. 植物プランクトンが増殖するうえで必要となる栄養物質（窒素、リン、ケイ素など）が、他の物質と結合して水に溶けているものの総称。海の生態系の基盤となす植物プランクトンにとっては、生育を支える重要な要素。

2. 公益財団法人 日本海事広報協会「海の生物のなるほど」：https://www.kaijipr.or.jp/mame jiten/seibutsu/seibutsu_1.html（最終アクセス2022/03/01）

3. 国連広報センター「目標14 海と海洋資源を保全し、持続可能な形で利用する」：https://www.unic.or.jp/files/Goal_14.pdf（最終アクセス2022/03/01）

4. 環境省 海洋生物多様性保全戦略公式サイト「海とのつきあい方」：https://www.env.go.jp/nature/biodic/kaiyo-hozen/viewpoint/viewpoint01.html（最終アクセス2022/03/01）

5. Conservancy, Ocean. "Stemming the tide: Land-based strategies for a plastic-free ocean." Ocean Conservancy and McKinsey Center for Business and Environment (2015).

6. Jambeck et al. "Plastic waste inputs from land into the ocean," Science (2015)

7. 五十嵐敏郎「海洋プラスチックごみが生物多様性に及ぼす影響について」縮小社会研究第2号、2018年：http://shukusho.org/data/Journal/No.2/2igarashi.pdf（最終アクセス2022/03/01）

8. 堅達京子『脱プラスチックへの挑戦：持続可能な地球と世界ビジネスの潮流』山と渓谷社、2010年

9. 国立環境研究所「世界のメタン放出量は過去20年間に10%近く増加　主要発生源は、農業及び廃棄物管理、化石燃料の生産と消費に関する部門の人間活動」：http://www.nies.go.jp/whatsnew/20200806/20200806.html（最終アクセス2022/03/01）

10. 8と同じ

11. 7と同じ

12. JETRO「2025年までに使い捨てプラスチック包装の年間市場投入量を2018年比20%削減」：https://www.jetro.go.jp/biznews/2021/05/413407e4a686561c.html（最終アクセス2022/03/01）

13. サステナブルジャパン「【マレーシア】政府、2030年までの使い捨てプラスチック製品禁止方針発表。2019年から大都市でストロー使用禁止」：https://sustainablejapan.jp/2018/09/29/malaysia-plastic-ban/34673（最終アクセス2022/03/01）

14. JETRO「モディ首相が演説、2022年までに使い捨てプラスチック全廃を」：https://www.jetro.go.jp/biznews/2019/10/44362f18c2c8b79b.html（最終アクセス2022/03/01）

15. 環境省「プラスチックを取り巻く国内外の状況」：https://www.env.go.jp/council/03recycle/20201120t2.pdf（最終アクセス2022/03/01）

16. UNEP (2018) "SINGLE-USE PLASTICS: A Roadmap for Sustainability"

▶ フードロス

潤沢な食料生産と8億人が飢餓に苦しむ矛盾

　私たちの世代は多くの矛盾や課題を抱えていますが、フードロスもその一つです。「フードロス」とは、まだ食べられるはずなのに捨てられてしまう食品のことです。食べ残しや、売れ残りの廃棄などに加え、製造過程で発生する規格外商品や調理くずなどもフードロスに該当します。

　現在、世界では多くの食べ物が廃棄されています。FAO（国連食糧農業機関）の報告書によると、世界では食料生産量の3分の1に当たる約13億トンの食料が毎年廃棄されています[1]。試算すると、33億トンの温室効果ガスが無駄に排出されたことにもなります[2]。このように、世界では多くの食料が廃棄されている一方、途上国を中心に8億人以上が十分な食べ物を口にすることができずに栄養不足で苦しんでいます。地球上には約77億人もの人々が生活をしていますが、世界の9人に1人が満足な食べ物を口にすることができないという計算です。このような状況にも関わらず、世界では食料がまだ食べられるのに捨てられているという相反する現実があるのです。

　2050年には、世界の人口は今より20億人増え、約97億人に上ると見られています。フードロスに対して何も手を打たず今の状態が続くと、栄養不足に苦しむ人がますます増え、貧困に拍車がかか

世界で1年間に捨てられる食料

1年間に
約13億トン

食用に生産されている食料の
約3分の1

出所：国連食糧農業機関（FAO）日本事務所

るとされています。また、気候変動の影響で食料生産量の低下も見込まれ、食料不足は一層深刻になると予測されています。また、環境負荷も大きな課題です。大量の食品を廃棄する際の焼却で発生する温室効果ガスは、全体の約8％を占めるとされています。食料が利用されず廃棄されれば、生産時に使われた水や飼料、エネルギーなども無駄になってしまいます。限られた食料を有効に活用し、配分していくことの重要性が増す中、フードロスは今私たちの世代が考えるべき課題なのです。

豊かなライフスタイルが招く先進国でのフードロス

今、世界では毎年約40億トンの食料が生産されています。これは、世界の全人口を賄うのに十分な量とされています。しかし、世界で

は未だ多くの人が飢餓に苦しんでいる現実があります。飢餓状態の人々に対する食糧援助量は年間420万トン（国連世界食糧計画（WFP）2019年実績値）となっている一方、その1.5倍以上の量が日本だけでフードロスとして廃棄されています。この「食の不均衡」はなぜ起こるのでしょうか。

　先進国で多くのフードロスが発生していることは想像に難しくありません。一人当たりのフードロスを地域ごとに比較した調査では、最も多い地域が北アメリカ・オセアニア、次いでヨーロッパ、アジア・先進工業地域と続きます。途上国と比べると、これらの地域は消費段階でのフードロスの割合が多いことがわかっています。

　先進国でフードロスが起きる要因は多岐にわたります。生産段階では、過剰生産、すなわち需要を上回る量を生産してしまうことが問題として挙げられます。しかし、農業などで凶作になってしまう可能性を考えると、生産量を減らせば良いという単純なものではありません。そして、先進国ではこの生産段階よりも流通・消費段階のフードロスの方が深刻な問題となっています。

　先進国では、安全な食品を提供するために生鮮食品に対して高い基準が設けられています。まだ食べられるものであっても、この基準をクリアしていない場合はそれだけで廃棄されてしまいます。本来は、基準を満たさない食材は加工してリユースするべきです。しかし、加工には手間もコストもかかってしまい、廃棄した方が安く済むため、結果として多くの食品が廃棄されてしまうのです。

　また、スーパーやコンビニでは、一つの良い商品ではなく、より豊富な品揃えをする店舗が好まれる傾向にあることも要因です。大量・多種陳列[3]、すなわち様々な種類の食品がたくさん陳列されて

いる状態を維持するために多くの在庫を抱えます。しかし、販売期限内に売り切れず、結果として商品が廃棄されてしまうのです。加えて、消費者が無計画に食材を購入することもフードロスに影響しているとされています。先進国では、家庭における食費の割合が比較的低いため、食べる以上に食品を買い、結果として余らせてしまうことが頻発しています。せっかく購入されたのに、使われないまま捨てられる食材が多いことも、先進国で起こるフードロスの原因です。

食品の加工・流通段階で深刻な課題を抱える途上国

　先進国と異なり、途上国では消費段階のフードロスは極端に少なくなる一方、加工・流通段階でのフードロスが課題となっています。
　まず、加工技術やインフラが未整備であるためにせっかく生産した食品が廃棄されてしまう現状があります。日本をはじめとする先進国では、加工食品は当たり前に目にするものです。加工をすれば消費期限が伸び、腐りづらくなることで保管がしやすくなります。ですが、途上国では加工技術が未発達であったり、施設が不足しているため、生産された食物の多くは無加工の生鮮食品として販売されます。加工ができなかったとしても、食料の貯蔵施設や流通インフラが十分に整備されていれば、生鮮食品が腐る前に消費者に届けることができます。しかし、加工技術と同様に、食料の貯蔵施設や市場インフラが未整備であることが多いため、品質を保ったまま市場に流通することが難しく、小売店に届く前にフードロスが発生してしまうのです。また、小売店に並んだ商品も、管理状態の問題や

在庫管理がしっかりされていないと、消費者に届く前に腐って廃棄されてしまいます。先進国では当たり前の在庫管理システムなどが整備されていないために、在庫過多でフードロスに繋がっている現状があります。

　このように、途上国では生活において発生するフードロスは少ないものの、ビジネス面でのフードロスが大きな課題となっています。

フードロスは他人事ではない。日本の食料自給率4割の危うさ

　今まで世界のフードロスの現状を見てきましたが、では日本の状況はどうでしょうか。日本では、年間612万トン（2017年度推計値）のフードロスが発生しています。これは、一人当たり1日132グラムのフードロスを起こしている計算で、毎日お茶碗1杯分のご飯を捨てているのと同じと言われています。外食産業や食品製造業などの事業活動に伴う廃棄が328万トン、各家庭系から廃棄される量が284万トンという内訳です。事業活動に伴うフードロスにおける問題は様々です。例えば、高品質な食品を求めるため、形が悪い規格外品の野菜などは捨てられ、そして「3分の1ルール」（小売店が賞味期限の期間の3分の1を過ぎた食品の納品を拒否できるという慣例）などにより、食品が大量に廃棄されていることが予想されます。また、家庭から出される生ごみの中には、手つかずの食品が2割もあり、そのうちの4分の1は賞味期限前にも関わらず捨てられています。また、野菜の皮や肉の脂身など、工夫次第で十分に食べられる部位が過剰に捨てられているということもわかっています。安価であることなどを理由に買いすぎてしまったり、使い切れなかったりという

1年間の食品ロスは、約**612**万トン＝東京ドーム約**5**杯分

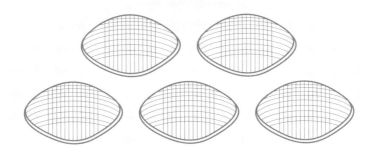

東京ドーム
（体積約124万m³）

出所：農林水産省・環境省（2017年）

ことが、食品ロスの要因の一つになっているのです。

　このように多くのフードロスが発生している一方、食料自給率が非常に低いことは日本の大きな課題です。日本の食料自給率はカロリーベースでは2020年度に37%となっており、多くの食べ物を海外からの輸入に頼っています。一方、海外に目を向けると、2018年では、カナダは266%、オーストラリア200%、アメリカ132%、フランス125%などとなっており、日本との差は歴然としています[4]。食料の約6割を海外からの輸入に頼っている一方、多くのフードロスを発生させてしまっている矛盾を抱えているのです。

13万食のお弁当が廃棄された東京オリンピック

　日本においてフードロスが注目を浴びたのは、2021年に開催された東京オリンピック大会です。「Be better, together（より良い未

来へ、ともに進もう。)」という持続可能性にまつわるコンセプトのもと、5つのテーマが掲げられ、そのうちの一つの「資源管理」ではフードロスの削減が挙げられていました。しかし、実際には13万食のお弁当が廃棄されていたことが発覚し、大きな話題となりました。

2021年8月の報道で、2021年7月3日から1カ月間に、42会場のうちの20会場の合計で約13万食の弁当を廃棄していたことを東京オリンピック・パラリンピック組織委員会が認めたとされました[5]。これはおよそ25%を廃棄した計算になります。7月23日の開会式では、スタッフやボランティアなどに用意された弁当など約4,000食分が食べられずに余り、この他にも競技会場などで同様のケースが相次ぎました。オリンピックの場合、他の国際大会と比較しても桁違いに注文する量が多いため、キャンセルや変更できるタイミングがどんどん前倒しになり、調整が利きにくくなります。目につきやすい場所で弁当が廃棄されると、「キャンセルすればよかったのに」と思うかもしれませんが、キャンセルした場合、仮に競技場でのロスは減らせたとしても、工場など事業者内で廃棄することも考えられます。そうなると、結局は廃棄する場所が変わるだけになってしまいます。ある一面だけを切り取るのではなく、全体で見たときにフードロスを減らすという視点が重要です。

また、オリンピックのフードロス問題の裏側で、余剰弁当の活用を求めた署名運動が展開されました。「オリンピックボランティア用弁当の廃棄を止めて、今現在貧困、困窮している子供、学生、若者にお弁当が回るようなエコシステムを作りたい」という訴えです[6]。オリンピックで廃棄される数千個のお弁当を、コロナ禍でアルバイ

トや仕事がなくなり食費を削っている高校生や若者たちに、スムーズに届くようなプロセスに変革したいというもので、59,042名の署名を集めました。この署名活動でも「食の不均衡」が明らかにされました。オリンピック大会では多くの弁当が廃棄される一方、コロナ禍の影響により、社会的に脆弱な立場に置かれている人は食費などを削っているという現実が見えたのです。フードロスの問題を考えるときには、廃棄量そのものだけでなく、社会における「食の不均衡」も踏まえたうえで、適切な食料の配分を考える必要があるのではないでしょうか。

フードロス解決に向けたヨーロッパのいち早い動き

　このように、世界、そして日本は深刻なフードロスの問題を抱えています。そのような中、ヨーロッパでは食品廃棄への対策がいち早くとられており、特にフランスで先進的なルールが策定されています。2016年2月、フランスでは世界に先駆けて「食品廃棄禁止法」が制定されました。背景としては、フランスにおけるフードロスの量の多さがあります。環境エネルギー管理庁（ADEME）によると、フランス人は年間平均29キログラムの食品を廃棄しており、うち7キログラムは未開封、そして食品廃棄量の45％相当が家庭で廃棄されています[7]。政府はこの事実を衝撃をもって受け止めました。そして、2013年6月に農業・農業食料・林業省（MAAF）により策定された「食品廃棄物削減に関する協定」で、「2025年までに、サプライチェーン上の食品廃棄物（可食部分）を50％削減する」（2013年比）という目標が掲げられました[8]。食料廃棄禁止法は、賞味期限

の表示をやめ消費期限の表示に一本化したことに続く、食品ロスの関連立法です。

　この法律は、店舗面積が400平方メートルを超える大型スーパーを対象として、賞味期限切れなどの理由による食品廃棄を禁じています。スーパーは、事前に契約した慈善団体に寄附するか、肥料や飼料に転用（再利用）することを義務付けられ、違反した場合には3,750ユーロ（約49万円）の罰金が科せられます。従来、売れ残りの食品は、路上生活者が食べたりしないように、塩酸をかけて食べられないように「破壊」してから廃棄するなどの処置が講じられており、その費用もかかっていました。事業者にとっては、食品を廃棄するよりも寄附する方が有利になる枠組みが徹底された法律となっています。また、ドギーバッグ（レストランなどでの食べ残しを持ち帰るための袋や容器のこと）推奨法も2016年に制定されました。一日当たり180食以上を提供するレストランに適用され、食べ残しを持ち帰りたい客の要望があれば「ドギーバッグ」を提供しなければいけないというものです。

　ヨーロッパでは民間レベルの動きも活発です。フランス政府が食品廃棄法を制定した同年の2016年3月、「too good to go」というフードレスキューのアプリがリリースされました。「too good to go」とは、「捨てるにはもったいない」という意味です。2015年にデンマークで創業、2022年3月時点で17カ国で展開され、4,750万人以上のユーザーが利用しており、2016年から今までに1億食以上がレスキューされています。チェーンレストランや大手スーパーに加え、個人経営のカフェなどが参加しており、様々な商品や食事が元の値段とともにオファーされています。賞味期限切れ間近だっ

たり、パッケージが破損してしまったりといった捨てるにはもったいない食品や食べるには問題ない食品が元の販売価格の3分の1程度で手に入るというものです。

　このように、ヨーロッパでは政府がルールを作り義務化もする一方、民間レベルでのムーブメントも作りながら、フードロス削減を目指しています。

日本の取り組みと私たち消費者ができること

　では、日本ではどのような取り組みが行われているのでしょうか。まず、日本政府は食品関連事業者及び家庭から排出されるフードロスを2000年度比で2030年度までに半減させることを目標としています。この達成に向け、2019年10月1日に食品ロス削減推進法が施行されました[9]。世界的にフードロスが一層深刻になる状況を踏まえ、国・地方公共団体、事業者、消費者等の多様な主体が連携し、国民運動として食品ロス削減に取り組むために制定されました。

　この法律のもと、食品ロス削減基本方針案が2020年に策定され、国・自治体レベルでの取り組みが行われています。政府は消費者や食品小売事業者向けの啓発活動を行っており、飲食店向けにも好事例などを提示するなど取り組みを進めています。また、前述の「3分の1ルール」の商習慣に関しては、食品小売り事業者に対して納品期限の緩和等を促しています。加えて、フードバンクの取り組みを国が支援することなども盛り込まれています。自治体では、フードバンク活動の基盤強化に向けた団体との連携に加え、フードドライブを継続的に推進しています。フードバンクとは、主に企業や農

家から発生する、十分食べられるのに廃棄されてしまう食べ物を、必要としている人のもとへ届ける活動及び団体を指します。フードドライブとは、主に家庭で余っている食べ物を持ち寄り集めて、地域の福祉団体やフードバンク等へ寄付する活動です。渋谷区や横浜市をはじめとする様々な自治体で、「フードドライブ」受付窓口の設置やフードバンク団体との連携が進んでいます。

　民間レベルでは、ヨーロッパの「too good to go」に近しいサービスである「TABETE」が2019年4月にスタートしました。登録店舗が廃棄しそうな食品を登録し、ユーザーがそこに申し込むことで、定価よりも安く食品を手にすることができるフードシェアリングサービスです[10]。また、コンビニエンスストアチェーンでは、賞味期限切れの売れ残り商品の値引き販売などを推奨してきませんでしたが、世論の流れを受けてフードロス対策として値引き容認へと動き始めています。例えば、2021年7月から、ファミリーマートは消費期限が迫った商品を値引き販売する「エコ割」の導入を推奨し、フードロス3割減を目指しています。

　このように、政府・自治体レベル、そして民間もフードロスを削減するための取り組みを進めています。しかし、日本のフードロス削減には、私たち消費者の行動も不可欠です。日本のフードロスの約半数は家庭、すなわち私たち消費者によるものです。政府が仕組みを作り企業が取り組みを進めても、消費者の行動が変わらないと日本のフードロスの根本的な解決には至りません。安いからたくさん買う、という形ではなく、必要な量の食材だけ購入する、店頭でできる限り賞味期限が近づいている商品や見切り品を買うということも大事なことです。私たちの命を繋ぐ食事、そして消費について、

何が必要で何が不要なのか、ということを一人ひとりが考え実行することこそ、フードロス解決の第一歩となるのです。

（一般社団法人エシカル協会理事／
株式会社オウルズコンサルティンググループ　プリンシパル　大久保明日奈）

1.　FAO "Global Food Losses and Food Waste" (2011)
2.　FAO "Food wastage footprint: Impacts on natural resources – Summary Report" (2013)
3.　1と同じ
4.　農林水産省「世界の食料自給率」：https://www.maff.go.jp/j/zyukyu/zikyu_ritu/013.html（最終アクセス2022/03/01）
5.　NHK NEWS WEB「東京オリンピックで「食品ロス」1か月間で約13万食が廃棄に」：https://www3.nhk.or.jp/news/html/20210827/k10013226671000.html（最終アクセス2022/03/01）
6.　change.org「フードロスからの脱却を目指したい! 国立競技場　オリンピックボランティア用弁当の廃棄を止めて、今現在貧困、困窮している子供、学生、若者にお弁当が回るようなエコシステムを作りたい!」：http://www.change.org/stop_food_loss_TokyoOlympics（最終アクセス2022/03/01）
7.　岩波祐子「フランス・イタリアの食品ロス削減法—2016年法の成果と課題—」参議院：https://www.sangiin.go.jp/japanese/annai/chousa/rippou_chousa/backnumber/2019pdf/20191001003s.pdf（最終アクセス2022/03/01）
8.　公益財団法人流通経済研究所「海外における食品廃棄物等の発生状況 及び再生利用等実施状況調査」農林水産省：https://www.maff.go.jp/j/shokusan/recycle/syoku_loss/pdf/hokoku.pdf（最終アクセス2022/03/01）
9.　消費者庁「食品ロスの削減の推進に関する基本的な方針」：https://www.caa.go.jp/policies/policy/consumer_policy/information/food_loss/promote/pdf/promote_200331_0001.pdf（最終アクセス2022/03/01）
10. SMART AGRI「「食品ロス」の原因と最新の取り組みとは?　コロナ禍で変わる食への意識」：https://smartagri-jp.com/agriculture/248（最終アクセス2022/03/01）

児童労働・強制労働

世界の子どもの10人に1人が児童労働に従事

　世界の子どもたちへのある一つの約束が、私たちの目前に迫っています。「2025年までにあらゆる児童労働を撤廃する」という目標です。SDGsは、2030年を達成期限として多くの目標を掲げていますが、なかでも早く達成すべき項目として目標8「働きがいも経済成長も」のターゲット7にこれを掲げています。児童労働とは、15歳未満の子どもが教育を受けずに働くこと及び18歳未満の子どもによる危険有害労働のことです。学校に通い、遊び、友達と笑い合う。そんな当たり前のはずの日常を守る約束は、実は今破られようとしています。

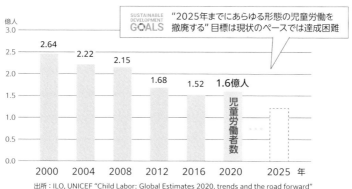

世界の児童労働者数　1億6000万人

出所：ILO, UNICEF "Child Labor: Global Estimates 2020, trends and the road forward"

　国際労働機関 (ILO) と国連児童基金 (UNICEF) の最新の報告書によると、現在も世界の子どもたちの10人に1人が児童労働をしています。数にして1億6,000万人。実は推計の発表が始まって以来、初めて児童労働者数が増加に転じてしまいました。最も深刻なサハラ砂漠以南のアフリカでは4人に1人の子どもが児童労働をしています。アフリカで児童労働が増加した要因としては、貧困や人口増加、社会的保護や教育環境整備の不足、紛争や干ばつなどが挙げられています。またコロナ禍を受けて、児童労働者は2022年までにさらに4,620万人増え、2億620万人にまで達する可能性もあると報告されています。

　一方で子どもに限らず、処罰の脅威のもとで強要された望まない労働を強制労働といいます。強制労働の被害を受けている人の数は、世界で約2,500万人に上るとされています。強制労働や強制結婚などを含む「現代奴隷」の人数は合計約4,000万人で、その被害者の7割は女性とされます。地域別の人口比ではアフリカが最も多く、アジア太平洋と続いています。強制労働には民間企業・民間人によるものと、政府機関や軍によるものなどに大別されます。民間における強制労働の内訳は、家事労働が最多の24％で、続き建設業が18％、製造業が15％、農林水産業が11％を占めました。政府機関によるものには、国・自治体の公共事業における農業、建設、徴兵による軍事活動以外の仕事、本人の意志に反する受刑者労働などが含まれます。

　新疆ウイグル自治区における強制労働問題は、日本でも大きく報道されたため記憶に新しいかもしれません。新疆ウイグル自治区では、大勢のイスラム教徒 (主にウイグル人) が、中国共産党の"再教

育"キャンプに強制収容されているとされ、収容されたウイグル人による強制労働で多くの製品が作られていると各国で報じられています。

　日本における強制労働についても国内外から指摘がされています。米国務省の発行する人身取引報告書では、日本の技能実習制度の問題点や「JKビジネス」などの性的搾取が言及されています。

　米国務省の調査によると、児童労働または強制労働によって生産された商品は、77カ国155産品にもわたっています。食品や日用品、電子機器など私たちが日々購入しているものの背景で、実はこうした児童労働や強制労働が起きているのです。

最も多くの国で児童労働によって作られたとされる産品のリスト

金	レンガ	砂糖	コーヒー	たばこ	コットン
22	19	18	17	17	15

牛	魚	米	衣服	カカオ	ポルノ
12	11	9	8	7	7

最も多くの国で強制労働によって作られたとされる産品のリスト

レンガ	コットン	衣服	金	砂糖	牛	魚
9	8	7	5	5	5	4

出所：https://www.dol.gov/sites/dolgov/files/ILAB/child_labor_reports/tda2019/2020_TVPRA_List_Online_Final.pdf

世界で2番目に「奴隷労働品」を多く買う国に住む私たち

　児童労働や強制労働は、かつては開発途上国で主に起きている現地の社会課題であり、先進国とは関係がない「対岸の火事」とみなされていた部分もありました。しかし今日ではこうした人権侵害は、企業の長大なサプライチェーン（供給網）の中で起きていることに国際社会が目を向けています。企業が低コストで調達しようと取引先のサプライヤーに圧力をかけ、そのしわ寄せが開発途上国の原料生産者に及んでいるのです。

　では日本に住む私たちは、どの程度こうした産品を買ってしまっているのでしょうか。現代奴隷が生産に関与した産品の輸入額ランキングにおいて、日本はG20諸国の中で米国に次ぐ第2位に位置します。その輸入額は470億ドル（4.8兆円）にも上り、具体的な品目には電子機器や衣類、魚、カカオ、木材等が含まれます。こうした身の回りのものを買う私たちの日常の行動が、間接的に児童労働や

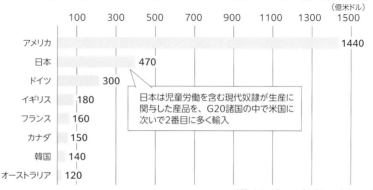

現代奴隷（児童労働を含む強制労働など）が生産に関与した産品の輸入額（2018）

日本は児童労働を含む現代奴隷が生産に関与した産品を、G20諸国の中で米国に次いで2番目に多く輸入

出所：https://www.globalslaveryindex.org/

81

強制労働を助長しているのです。

　企業の評価においても、日本は世界で低位にあるのが実態です。人権対応に関する世界的な企業ランキングである「企業人権ベンチマーク（CHRB）」（2020年）では、評価対象となった日本企業の多くが中低位に位置付けられました。自動車業界ではトヨタ自動車が100点満点中11.6点、三菱自動車と日産自動車、スズキの3社は10点未満の評価でした。自動車以外の業種ではファーストリテイリングは26点満点中19.5点で比較的上位につけたものの、セブン＆アイ・ホールディングスが5点、ファミリーマートが4.5点、京セラが2.5点、キーエンスが1点などの厳しい評価を受けました。

　他にも英人権NGOのノウ・ザ・チェーン（Know the chain）による企業の強制労働リスクへの対応ランキング（食品／ICT分野）では、評価対象となったほぼすべての日本企業が平均点以下のスコアという結果でした。具体的には、セブン＆アイ・ホールディングス、イオン、サントリー、パナソニック、キヤノン、日立、キーエンスなどが含まれます。

　こうした企業の人権対応の遅れは、レピュテーションリスクになるだけではなく、経営全体を揺るがす問題となりつつあります。人権リスクの事業影響は、業績悪化と企業価値毀損の大きく2つに大別できます。前者には消費者による不買運動や取引停止による売り上げ低下や、罰金や訴訟対応によるコスト増大が含まれます。後者の企業価値毀損にはESG投資を背景とする投資の撤退や、児童労働関連の告発によるブランド毀損や人材流出などが該当します。

　具体的な事例として、児童労働の発覚による不買運動で大手アパレル企業が1兆円以上の売上を大きく失ったケースもあります。同

社の製造委託先であるインドネシアやベトナムの工場では、就労年齢に達していない少女たちが低賃金での強制的労働や日常的な性的暴行などにさらされていたことが国際NGOの摘発により発覚しました。世界的な不買運動が広がり、5年間累計で約1兆3,764億円（同社連結売上高の約26％）が失われたと推計されています。この出来事は、児童労働が企業経営に致命的な影響を及ぼすことを知らしめる結果となりました。

人権対応の義務化が急速に進む世界、出遅れる日本

　サプライチェーン上の人権対応の要請が進むターニングポイントとなったのは、2011年の国連総会における「国連ビジネスと人権に関する指導原則（United Nations Guiding Principles on Business and Human Rights：UNGPs）」（以下、指導原則）の採択です。指導原則は、「人権を保護する国家の義務」に並んで「人権を尊重する企業の責任」を定義して企業の役割を強調するとともに、企業は自社が直接引き起こした人権侵害のみならず、自社が間接的に関与した人権侵害についても対応すべきと明言しました。

　海外では欧米を中心に児童労働などの人権侵害を防止するための法整備が急速に進んでいます。2015年には「英国現代奴隷法」が施行され話題を呼びました。他にも米カリフォルニア州、フランス、オーストラリア、オランダ、ドイツなどですでに人権デュー・ディリジェンス（人権リスクの実態を把握・分析して予防・是正措置を行い、状況をモニタリングして外部に情報公開していくプロセスの総称）を義務化する法令が策定されています。さらにEU全体での同様の義務化

も準備が進められています。

　2020年10月、日本政府は国連の要請を受けて「『ビジネスと人権』に関する行動計画」(国別行動計画：NAP) を策定しました。サプライチェーン上で発生する人権侵害を防ぐため、企業や政府の実施すべき取り組みをまとめたものです。日本のNAPに対する市民社会の評価は厳しいものでした。英国が2013年にNAPを策定して以来世界20カ国以上がすでに策定済みで、日本はアジア地域でもタイに次ぐ2番目の策定となり、その対応の遅れも指摘されました。また既存施策の継続が多いとも批判されており、実際に原文には「引き続き」というキーワードが42回登場します。欧米各国が通商政策や公共調達制度も活用して、児童労働・強制労働を撤廃しようと取り組む中、日本政府はこれらの分野で実効性のある政策を打てていません。しかしながら2021年後半には、前述の新疆ウイグル自治区の問題なども背景に人権問題担当の首相補佐官が新設されるなど、新しい動きも出てきました。「奴隷労働品」を世界で2番目に多く輸入している日本だからこそ、より国際社会の中で人権対応のリーダーシップをとっていくことが期待されています。

児童労働や強制労働によらない商品を選ぶには。
目印としてのフェアトレード

　私たち消費者が児童労働や強制労働に加担してしまわないように、商品を選ぶにはどうしたらいいでしょうか。まずは児童労働や強制労働が問題となっている産品を知ることが重要です。代表的な産品としては、コーヒー、コットン、カカオ、砂糖、魚介類、金、衣服、

タバコなどが挙げられます。こうした産品を含む商品を購入する際、そのパッケージや商品のウェブサイトから企業がどのような取り組みを行っているか見てみましょう。各社が独自の取り組みを行うケースが日本でも増えています。

「商品や企業ごとに個別で取り組みを調べるのは大変」と思う場合に活用できるのが、サステナブル認証ラベルです。特定のマークの付いた商品は、第三者機関などによってその商品の社会・環境への影響が確認されていて、安心して購入することができます。人権側面の基準が充実したラベルの代表例が、国際フェアトレード認証です。

　フェアトレードとは、適正な取引により、貧困の削減や児童労働・強制労働の撤廃、地球環境の保護などを実現する仕組みです。認証基準には社会・環境・経済の3つの柱があり、児童労働や強制労働の禁止などの条項も含まれます。また最低価格保証とプレミアム（奨励金：地域の社会開発に使える資金）の支払いも定めており、一般よりも高い価格で途上国の生産者から品物を買い取ります。こうした基準が守られているか第三者機関が監査・確認することで、消費者はラベルを見て安心して買うことができます。

　児童労働や強制労働を防ぐためには、単純にその行為を禁止するだけでは不十分な場合があります。現場の人々の意識を変えて子どもが教育を受ける重要性を理解してもらうことも必要です。そして働く生産者・労働者の所得が上がるように産品の買取価格を引き上げたり、生産性を上げていくことも非常に重要です。サプライチェーンの末端の小規模生産者は取引における価格交渉力が弱く、生産コストすら賄えない金額で農産品を買い叩かれてしまう状況が

今も多く発生しています。その結果、家計の収入が足りないために子どもが働いてしまう事態が起きているのです。この事態を変革するため、フェアトレードでは、モノを不当に安く買うのではなく「フェア」な価格・条件で購入します。児童労働や強制労働などを根本から防ぐことができるよう、統合的なアプローチを推進する枠組みの一つがフェアトレードなのです。

　グローバルでは1.3兆円を超える規模に成長しているフェアトレードですが、実は日本は「フェアトレード後進国」です。日本のフェアトレード市場規模は毎年成長していますが2020年時点で131.3億円であり、ドイツ（2,374億円）と比較すると約18分の1。さらに国民一人当たりの年間購入額は104円で、スイス（11,267円）と比較すると100分の1以下です。日本は欧米と比べてまだまだ成長の途上にあります。企業を動かすには、最終顧客である私たち消費者が声を上げていくことが非常に重要です。学校教育におけるSDGsなどの取り扱いの増加も背景に、現在フェアトレードの知名度が最も高い世代は10代で、約8割にも上っています。こうした学生や市民が中心となり、地域ぐるみや大学ぐるみでフェアトレードを推進する「フェアトレードタウン」「フェアトレード大学」の認定制度にも注目が集まっています。市民や若者の声が企業や社会を動かしているのです。

環境問題と人権問題の違い。そして私たち消費者にできること

　実は私たち日本人は、世界と比べてこうした人権問題への関心が低い傾向にあります。国連が世界で58万人にアンケートした「MY

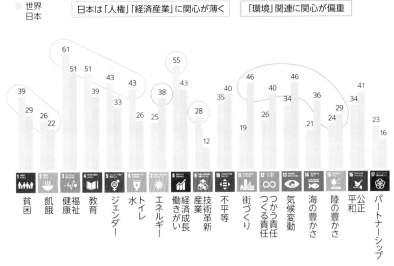

国連「MY WORLD 2030」でのSDGs目標関心度

単位(%)
n=世界 578,366
日本　11,159

世界
日本

日本は「人権」「経済産業」に関心が薄く　　「環境」関連に関心が偏重

出所：国連「MY WORLD 2030」(2021年12月1日時点)より株式会社オウルズコンサルティンググループ作成

WORLD 2030」では、SDGsの目標別の関心度の比較ができます。日本人・日本企業は「環境」への関心が高い一方、世界の平均に比べて「人権」への関心が低い結果が示されています（2021年12月時点）。そのため、まず私たちが人権問題について知り、その現状や重要性を理解することが非常に大切です。

　自分の日頃の生活に結び付けて人権問題を知るツールの一つとして、「Slavery Footprint」というウェブサイトをご紹介します。米NGOのMaid in a free worldらが作成したもので、自分の生活がどれだけの「Slavery＝奴隷」の犠牲の上に成り立っているかを計算す

ることができます。使い方はとても簡単。自分の家族構成や日頃何を食べているか（肉・魚・野菜・穀物の割合）、何を買っているか（服・衛生用品・アクセサリーなど）などのライフスタイル情報を入力します。すると、「52 Slaves work for you（52人の奴隷があなたのために働いています）」のように、私たちが日常の行動を通して何人の現代奴隷を働かせてしまっているかを知ることができます。どうしても他人事になってしまいがちな人権問題ですが、この数字を見ると驚いて生活を見直す機会となるかもしれません。

　指導原則の策定を推進したジョン・ラギー 米ハーバード大学教授は、人権問題と気候変動などの環境問題には根本的な違いがあると指摘しています。環境問題においては、二酸化炭素の排出を埋め合わせするカーボンオフセットのように「オフセット」（相殺する）という概念があります。例えば、二酸化炭素を多く排出してしまっても、別の場所で植林活動をすれば一定程度埋め合わせができるという考え方です。しかし、人権侵害は「オフセット」することは決してできません。職場の暴力で失われた命は戻りません。児童労働によって失われた子どもの教育機会や健康も戻りません。だからこそ私たちの日常の選択の一つ一つが大きな違いになっていきます。何かを買うとき、目には見えないその商品のつくり手と繋がりにも意識を向けられることで、「誰も取り残さない」というSDGsの目指す姿に近づいていけるのではないでしょうか。

（認定NPO法人フェアトレード・ラベル・ジャパン　事務局長　潮崎真惟子）

3

国連The Sustainable Development Goals Report 2021の読み解き

国連 The Sustainable Development Goals Report 2021の読み解き

サマリ

　国連が2021年7月に発表した『持続可能な開発目標報告2021』は、Sustainable Development Goals（以下、SDGs）の17目標を達成すべく採択された指標の国際的な進捗を報告しています。

　同報告書では、新型コロナウイルス感染症（COVID-19）のパンデミックが世界中の人々の生活に大きな混乱をもたらし、遅々としていたSDGs目標達成の進捗が停滞または後退の道をたどっている現状を明らかにしています。事実、国内及び各国間の不平等が拡大しており、2020年には新たに1億1,900万人～1億2,400万人が貧困状態に押し戻されました。

　パンデミックによる経済減速と人間活動の停滞は、CO_2排出量を一時的に減少させましたが、結果的に気候危機のペースが落ちる効果はありませんでした。温室効果ガスの濃度は上昇し続けており、生物多様性の喪失や環境汚染は深刻化しています。

　一方、パンデミックに立ち向かう中で、世界中のコミュニティのレジリエンス（回復力）やイノベーションが加速しました。各国で、社会的保護の拡大や記録的な速さによるワクチンと治療法の開発など、独自の連携も示されました。また、パンデミックによる生活様式の変化は、政府や経済のデジタル化を加速させ、人々の交流や学

習、仕事の仕方に変革をもたらしました。これはSDGs達成の取り組みを推進する基盤になると期待されます。また、各国の復興政策の命運は政策決定に必要なデータを十分に入手できるかにもかかっています。国内外のリソースを動員したデータ収集に十分な資金を確保することが、喫緊の重要課題と位置付けられています。

新型コロナウイルス感染症の拡大により
進捗に深刻な影響を受けている人・社会、経済関連のSDGs目標

新型コロナウイルス感染症の拡大によって、人・社会、経済に関するSDGsの目標が大きな影響を受けました。貧困率の上昇や飢餓に陥る人口の増加など、パンデミックは私たちの社会が抱える不均衡と脆弱性を浮き彫りにしました。人・社会、経済に関するSDGsの目標の進捗を見ていきましょう。

1. NO POVERTY（貧困をなくそう）
「あらゆる場所のあらゆる形態の貧困を終わらせる」

世界全体の極度の貧困率は1998年以降初めて上昇し、2020年には前年の8.4％から9.5％になり、新たに1億1,900万～1億2,400万人が極度の貧困状態に押し戻されました。現在の予測では、世界の貧困率は2030年には7％（約6億人）になると予想され、貧困撲滅の目標達成から程遠い状況です。

ロックダウンや関連する公衆衛生対策は、インフォーマル経済に従事する貧困層（＝ワーキングプア）に深刻な影響を及ぼし、所得の減少は貧困層削減の進捗を後退させる恐れがあります。2020年、

各ターゲットの進捗と新型コロナウイルス感染症の影響

ゴール	2020年の進捗（2021年報告内容）	新型コロナウイルス感染症の影響
1 貧困をなくそう	新型コロナウイルス感染症拡大により、世界全体の極度の貧困率は1998年以降初めて上昇。2020年には新たに1億1,900万～1億2,400万人が極度の貧困状態に転落	ロックダウンなどの行動制限は、ワーキングプアの大多数が従事するインフォーマル経済の活動を阻害
2 飢餓をゼロに	23.7億人が恒常的に食糧不足や栄養バランスが適切な食事の不足に直面。2020年には新たに7,000万から1億1,600万人が飢餓を経験	食料サプライチェーンの混乱、所得の減少や社会的不平等の拡大、食料生産環境の変化や値上げは食料安全保障を侵害
3 すべての人に健康と福祉を	保健分野の前進が停滞／後退し、平均寿命が短くなった国も存在。母子保健分野においてはその10年間の前進が失われる危機に直面	およそ9割の国々で、必要不可欠な保健サービスに1件以上の混乱が発生。ワクチン接種を含む保健・医療アクセスへの地域間格差が拡大
4 質の高い教育をみんなに	2020年には読解力が最低水準を下回る子どもの数は新たに1億100万人増加。過去20年間の教育成果を帳消しに	学校閉鎖と経済の停滞により学業が中断されただけでなく、児童婚または児童労働を余儀なくされ長期的に教育に戻れない子どもたちの増加が懸念
5 ジェンダー平等を実現しよう	女性に対する暴力が深刻化し、減少傾向にあった児童婚の増加も懸念。外出自粛により家庭での無休労働の負担増加が女性の労働市場参加機会を削減	経済状況の悪化や支援サービスへのアクセス制限は、近親者の暴力から女性が脱出する機会を阻害。加えて学校閉鎖や家計の貧困化は児童婚を誘発
6 安全な水とトイレを世界中に	2015年から2020年の間に安全な飲料水を利用する世界人口の割合は74.3%に増加したものの、未だ20億人が取り残されており、23億人が基本的な手洗い設備にアクセスできず	世界中の何十億もの人々が安全な飲料水、衛生設備・サービスが欠如した暮らしをおくる中、パンデミックはこれらへの普遍的なアクセスの必要性を喚起
7 エネルギーをみんなにそしてクリーンに	2019年には世界の電力アクセス率は90%に向上したが、未だ7億5,900万人が電力にアクセスできず、世界人口の3分の1は調理の際に危険かつ環境負荷の高い燃料を使用	経済状況の悪化は、これまで利用できていた人々から電力へのアクセスを奪い、石油・ガス価格の下落はクリーンエネルギー技術の採用推進を停滞させると懸念
8 働きがいも経済成長も	世界金融危機で失われた労働の約4倍に相当する2億5,500万人のフルタイム雇用が喪失。児童労働に従事している子どもの数は合計1億6,000万人であり、2022年末までに、さらに890万人が児童労働の危機に	世界の失業率は前年度から1.1ポイント上昇し6.5%に到達。特に失業のリスクに脆弱な若者と女性が経済的な危機に直面。学校閉鎖や家計の困窮など複合的な影響により、子どもたちが搾取されるリスクが増加

ゴール	2020年の進捗（2021年報告内容）	新型コロナウイルス感染症の影響
9 産業と技術革新の基盤をつくろう	主要経済国間の関税施策と貿易摩擦により縮小傾向であった製造業の生産高はさらに6.8%下落。インフラ面では未だ約3億人が道路網に、37億人がインターネットにアクセスできず	人と物の移動が制限により製造業と運輸業が混乱。製造業における雇用・労働時間共に減少し、特に小規模産業への打撃が深刻
10 人や国の不平等をなくそう	金融危機以来の所得の不平等拡大に直面し、新興市場と開発途上国における平均ジニ係数が6%上昇すると推定。世界人口に占める難民の割合は2010年以来、少なくとも倍増	国内及び国内の既存の不平等を悪化させ、最も脆弱で貧しい国に影響が集中
11 住み続けられるまちづくりを	10億人以上が都市のスラム街で生活しており、居住者は東アジアと東南アジア、サハラ以南のアフリカ、中央アジアと南アジアの3つの地域に集中	パンデミックは、低所得世帯とインフォーマルセクターで働く人々に特に影響を及ぼし、スラム居住者の窮状を深刻化
12 つくる責任つかう責任	世界中で毎分100万本のペットボトル飲料が購入され、毎年5兆枚のプラスチック製レジ袋が廃棄。年間一人当たり7.3キログラムの電気・電子機器廃棄物が排出	パンデミックからの復興が、持続可能な経済と社会を構築するための革新的な戦略を設計する機会となることが期待
13 気候変動に具体的な対策を	気候危機はパンデミック下でも収まらず、世界全体の平均気温は産業革命前の気温を1.2℃上回り、パリ協定の1.5℃目標の達成は目途が立たず	人間の活動が大幅に減少し、2020年のCO$_2$排出量は一時的に減少するも同年12月までに完全に回復。復興に際して排出量はさらに増加すると予想
14 海の豊かさを守ろう	海洋環境はプラスチック汚染や海水温上昇、富栄養化、酸性化、漁獲高急減の脅威に直面。十分な酸素がないため生物が生息できない海域「デッドゾーン」は2008年の400カ所から2019年には700カ所へ急増	世界的な需要減少と輸送制限は、世界の漁業従事者の9割を占める小規模漁業者の資源や市場へのアクセスを制限し生活が困窮
15 陸の豊かさも守ろう	国際自然保護連合（IUCN）のレッドリストで評価対象となった生物種の4分の1以上（37,400種以上）が絶滅の危機に直面	COVID-19は、生物多様性を脅かすことによって発生しうる人獣共通感染症の脅威を体現
16 平和と公正をすべての人に	何億人もの人々が脆弱で紛争の影響を受けた国に住み、2020年末には迫害、紛争、暴力の結果として世界人口の約1%（8,240万人）が強制的に避難	政府の機能に大きな混乱を引き起こし、国家の権利と保護のシステムを弱体化させ破壊したため、不平等と差別が露呈し激化
17 パートナーシップで目標を達成しよう	2020年の正味ODA総額は過去最大となり、ドナー国のGNIの0.32%に相当するも、目標数値の0.7%には及ばず、外国直接投資（FDI）は40%減少	経済状況の悪化は多くの国で債務負担をもたらし、ワクチンを含む復興対策、気候変動対策、SDGs達成など重要な投資のための国家財源及び政策を制限

各国政府はパンデミックへの対応として1,600以上の社会的保護措置を発表しました。しかしその大半は短期的なものであり、未だ40億人に社会的保護が届いていません。

2. ZERO HUNGER（飢餓をゼロに）

「飢餓を終わらせ、食料安全保障及び栄養改善を実現し、持続可能な農業を促進する」

　パンデミック以前には世界中で6億5,000万人が飢餓に直面しているとされましたが、2020年には7億2,000万人〜8億1,100万人に増加しています。定期的に食糧不足、栄養バランス不足に直面している人は23.7億人に上るとされています。

　特にパンデミックによる家計の貧困化、手頃な栄養食品の不足、運動機会の不足や食料支援サービス（学校給食など）の中断により、子どもたちの栄養状態の悪化が懸念されています。パンデミック影響を無視しても、約2億3,000万人の子どもたちが栄養失調に苦しんでいるとされました。十分な栄養を摂れず、発育不全の状態にある子どもが多い地域は、オーストラリアとニュージーランドを除くオセアニア（41.4%）、サハラ以南のアフリカ（32.3%）、中央アジアと南アジア（29.8%）でした。後者の2地域は、世界中の発育不全の子どもたちのほぼ4分の3を占めています。

3. GOOD HEALTH AND WELL-BEING（すべての人に健康と福祉を）

「あらゆる年齢のすべての人々の健康的な生活を確保し、福祉を促進する」

　パンデミックに起因する保健・医療体制の混乱と崩壊は、大きな

脅威をもたらしています。約90%の国々が必要不可欠な保健サービスに混乱が生じていることを報告しており、平均寿命が短くなった国も存在します。

　母子保健分野の10年間の前進は、パンデミックによって後退する可能性があります。2020年には35%の国で、栄養サービスや生殖医療、母子、青少年に対する保険医療サービスの中断や混乱が発生しました。同年、南アジアでは228,000人の子どもと約11,000人の妊産婦が亡くなっています。

　パンデミックは個人間、地域間の医療格差を加速しています。健康状態や社会経済状況、生活条件や公的医療へのアクセスなどの観点では、高齢者や貧困層、難民、移民など脆弱なグループに深刻な影響が集中しています。2021年6月17日時点で、世界では24億回近くの新型コロナウイルスワクチンが投与されていますが、分配には大きな不平等が存在します。欧州・北米では100人当たり約68人がワクチンを接種していますが、サハラ以南アフリカでは100人中2人以下のワクチン接種率となっています。

4. QUALITY EDUCATION（質の高い教育をみんなに）

　「すべての人々への包摂的かつ公正な質の高い教育を提供し、生涯学習の機会を促進する」

　パンデミック発生からの一年で、世界の子どもの3人に2人が一時的または完全に学校閉鎖の影響を受けました。その結果、新たに1億100万人の子どもが読解力の最低水準を下回り、過去20年間に得られた教育の成果を帳消しにする「世代的な大惨事」となりました。なかでも、最も貧しく脆弱な子どもたちは児童婚や児童労働を

余儀なくされ、学校が再開されても教育に戻れないリスクにさらされています。

　パンデミックによる学習損失を回復するには特別な対策を講じる必要がありますが、低中所得国政府の推定65％、高中所得国の35％は、パンデミック発生以来、教育への資金を削減しています。

5. GENDER EQUALITY（ジェンダー平等を実現しよう）

「ジェンダー平等を達成し、すべての女性及び女児の能力強化を行う」

　意思決定における女性の平等な参加は、パンデミック対応と復興において不可欠であるにも関わらず、政治・経済における女性リーダーの参画は未だ少なく、男女同数には程遠い状況です。2021年、女性割合は国会議員で25.6％、地方議員で36.3％、管理職で28.2％にとどまります。

　パンデミックは、その他ジェンダー平等の達成に向けた進捗も後退させています。女性の失業率は不当に高く、家庭での無休のケア労働負担が増加し、労働市場から締め出されています。加えて、女性と女児に対する暴力が深刻化し、児童婚の増加が懸念されます。女性の3人に1人（7億3,600万人）が生涯で身体的暴力、または性的暴力を経験しています。経済状況の悪化や支援サービスへのアクセス制限は、近親者の暴力から女性が脱出する機会を制限し、深刻化が懸念されます。また、学校閉鎖や家計の貧困化、生殖医療サービスの中断は児童婚を誘発し、リスクにさらされる女児は今後10年間で従来推計の1億人から、最大1,000万人増加すると懸念されています。

8. DECENT WORK AND ECONOMIC GROWTH（働きがいも経済成長も）

「包摂的かつ持続可能な経済成長及びすべての人々の完全かつ生産的な雇用と働きがいのある人間らしい雇用（ディーセント・ワーク）を促進する」

　パンデミックは経済活動を混乱させ、不況を引き起こし、2020年には世界の労働時間の8.8％が失われました。これは世界金融危機で失われた労働の約4倍、2億5,500万人のフルタイム雇用に相当します。世界の失業率は前年度から1.1ポイント上昇して6.5％に達し、世界の失業者数は3,300万人増加して2億2,000万人に達しました。

　若者と女性は特に大きな打撃を受け、2020年の雇用損失はそれぞれ8.7％と5.0％でした。パンデミック下でも女性は男性よりも家事育児のために労働市場から離脱する傾向が高く、長年にわたるジェンダー格差がさらに拡大しました。

　学校閉鎖や家計の困窮など複合的な影響により、子どもたちへの搾取リスクも高まっています。2018年に世界で報告された人身売買被害者の3人に1人は子どもであり、その割合は低所得国では5割に上ります。2020年の初めに児童労働に従事していた子どもの数は計1億6,000万人で、世界中の10人に1人の子どもに相当します。2022年末までに、パンデミックの影響でさらに890万人が児童労働に追いやられる恐れがあります。

10. REDUCED INEQUALITIES（人や国の不平等をなくそう）

「各国内及び各国間の不平等を是正する」

　パンデミックにより、金融危機以降の所得格差縮小の進展が覆される可能性があります。所得格差は0から100のジニ係数を用いて測定されます。0は所得がすべての人への平等な分配を、100は1人がすべての所得を占めることを示します。パンデミックは、新興国と開発途上国のジニ係数を6%増加させると推定されています。

　世界人口に占める難民の割合は2010年以来、少なくとも倍増しており、2020年末までに難民の数は過去最高の2,450万人に増加しました。同年のパンデミックのピーク時に164カ国が国境を完全にまたは部分的に閉鎖したことで、難民の窮状が深刻化しました。

11. SUSTAINABLE CITIES AND COMMUNITIES
（住み続けられるまちづくりを）

「包摂的で安全かつ強靱（レジリエント）で持続可能な都市及び人間居住を実現する」

　パンデミックは、低所得世帯とインフォーマルセクターで働く人々に特に影響を及ぼし、スラム居住者の窮状を悪化させました。未だスラムで暮らす人々は、東アジアと東南アジア（3億7,000万人）、サハラ以南のアフリカ（2億3,800万人）、中央アジアと南アジア（2億2,600万人）の3地域で最も多く見られます。市民社会や開発パートナーと協力し、あらゆるレベルの政府機関が協調して行動しなければ、ほとんどの開発途上国でスラム居住者の数は増え続けると予測されます。

16. PEACE, JUSTICE AND STRONG INSTUTUTIONS
（平和と公正をすべての人に）

「持続可能な開発のための平和で包摂的な社会を促進し、すべての
人々に司法へのアクセスを提供し、あらゆるレベルにおいて効果的
で説明責任のある包摂的な制度を構築する」

　世界では何億人もの人々が脆弱かつ紛争の影響を受けた国に住ん
でいます。2020年末には、迫害や紛争、または暴力の結果として、
世界人口の約1%（8,240万人）が強制的な避難を余儀なくされました。
パンデミックは政府機能に大きな混乱を引き起こし、国家の福祉と
保護のシステムを弱体化させました。その影響は世界で最も脆弱な
人々に不均衡に広がっており、女性と子どもたちは高いリスクにさ
らされています。

　武力紛争による民間人の年間死亡者数は2015年に比べて61%減
少しましたが、サハラ以南アフリカでは66%増加しました。2020
年を通じて、国連は武力紛争とパンデミックによる致命的危機から
民間人を保護するために、一貫して世界的な停戦を求めています。

17. PARTNERSHIPS FOR THE GOALS（パートナーシップで目標を達成しよう）

「持続可能な開発のための実施手段を強化し、グローバル・パート
ナーシップを活性化する」

　2020年の正味ODA総額は過去最大の1,610億ドルとなり、ド
ナー国の国民総所得（GNI）の0.32%に相当します。しかし、目標
として掲げるGNIの0.7%という数値には届いておらず、海外直接
投資（FDI）は前年から最大40%減少しました。パンデミックの影
響は多くの国で債務負担を増大させ、ワクチンを含む復興対策、気

候変動対策、SDGs達成など重要な投資のための財政を圧迫しています。パンデミック対応のためのデータ・統計整備に追加資金融資を必要としている低・下位中所得国は63％に上ります。

引き続き喫緊の対応が求められる環境関連のターゲット

　パンデミックによる経済縮小で気候危機のペースが落ちる効果はほとんどありませんでした。温室効果ガスの排出量は増加しており、世界の平均気温は産業革命前の水準より1.1℃高く、パリ協定に定められた上限に危険なほど近づいています。気候変動と環境破壊への対策は、私たちが向き合うべき喫緊の課題なのです。

12. RESPONSIBLE CONSUMPTION AND PRODUCTION
（つくる責任つかう責任）

「持続可能な生産消費形態を確保する」
　世界で消費された天然資源量を表すマテリアル・フットプリントは、2000年から2017年までの間に70％増加しています。世界中で毎分100万本のペットボトル飲料が購入され、毎年5兆枚のプラスチック製レジ袋が廃棄されています。電気・電子機器廃棄物も引き続き増加しており、責任ある廃棄処理がされていません。2019年時点で、世界では一人当たり7.3キログラムの電気・電子機器廃棄物が排出されており、そのうちリサイクルされたのはわずか1.7キログラムでした。持続可能な生産と消費の実現には、廃棄物を削減し、製品と原料を循環させ、自然システムを再生するように設計されたサーキュラーエコノミーの構築が必須です。

13. CLIMATE ACTION（気候変動に具体的な対策を）

「気候変動及びその影響を軽減するための緊急対策を講じる」

　2015年、パリ協定の196の締約国は、開発の軌道を持続可能に変革することを約束し、世界の平均気温上昇を産業革命前と比較して、2℃より十分低く保ち、1.5℃に抑える目標を定めました。その達成には、世界のCO_2排出量を2030年までに2010年のレベルから45％削減し、2050年までに排出量正味ゼロを実現する必要があります。しかし、2020年の温室効果ガス濃度は過去最高を記録し、大気中のCO_2濃度は410ppmを超えました。

　パンデミックによる経済減速と人間活動の減少は、CO_2排出量を一時的に減少させました。先進国では最も急激な減少が見られ、平均してほぼ10％の減少、開発途上国では4％減少をもたらしました。しかし、米国のマウナロアやタスマニアのケープグリムなどの特定の場所では、CO_2、メタン、亜酸化窒素の濃度レベルが上昇し続けたことが報告されています。2020年12月には、CO_2排出量は完全に回復し、2019年の同月よりも2％増加しました。パンデミックからの復興に際して、経済をカーボンニュートラルにシフトするための特別措置を講じない限り、排出量はさらに増加すると予想されます。

14. LIFE BELOW WATER（海の豊かさを守ろう）

「持続可能な開発のために海洋・海洋資源を保全し、持続可能な形で利用する」

　世界中で30億を超える人々が海洋資源をもとに生計を立てていますが、その持続可能性はプラスチック汚染や海水の温度上昇、富

栄養化、酸性化、漁獲高の急減の脅威にさらされています。また、主要な海洋生物多様性領域の半数以上は保護されておらず、海洋生物が生息できない海域「デッドゾーン」は2008年の400カ所から2019年には700カ所へ急増しています。

15. LIFE ON LAND（陸の豊かさも守ろう）

「陸域生態系の保護、回復、持続可能な利用の推進、持続可能な森林の経営、砂漠化への対処、ならびに土地の劣化の阻止・回復及び生物多様性の損失を阻止する」

国際自然保護連合（IUCN）のレッドリストで評価対象となった生物種の4分の1以上が絶滅の危機に瀕しています。IUCNレッドリストは134,400種を超える哺乳類・鳥類・両生類・造礁サンゴ、針葉樹に関するデータを収集しており、そのうち37,400種以上が絶滅の危機に直面していると公表しました。

レポートからの示唆と展望

パンデミック下で「誰一人取り残さない」というミッションの実現に向けて

パンデミックは、国内及び国家間の不平等を明らかにしました。最も貧しい人々はウイルス感染のリスクが高いだけでなく、経済損失の影響にも脆弱です。インフォーマル経済に従事する貧困層の所得は激減し、国際観光の破綻は小島嶼開発途上国など産業の乏しい国々に特に深刻な打撃を与えています。そして、いずれの地域においても女性や子どもへの暴力と搾取リスクが増大しています。また、

パンデミック下の人間活動の縮小においても気候危機は収まらず、生物多様性の喪失、環境汚染は深刻化しています。

　社会の前提や価値観が大きく変容した世界においては、パンデミックからの復興を契機に、保健と教育の改善、不平等の是正と経済回復を掲げながらも、気候変動に対処し、自然資源を保持する持続可能な社会の再構築に舵を切ることが求められています。そのためには、各国政府や国際機関、企業、そして消費者が連携し、同じ目標に向かう必要があります。一人ひとりが危機の中で地球市民としてどのように行動し、生活していくのかを振り返るときがやってきているのではないでしょうか。

（執筆協力　株式会社オウルズコンサルティンググループ）

参考文献
- 朝日新聞 SDGs ACTION!「国連「持続可能な開発目標報告書」2021年版　コロナ禍での SDGs 達成状況を分析【4Revs】インテリジェンスから 8月お薦めの1本」: https://www.asahi.com/sdgs/article/14425539（最終アクセス 2022/03/01）
- 外務省 JAPAN SDGs Action Platform「SDG グローバル指標（SDG Indicators）」: https://www.mofa.go.jp/mofaj/gaiko/oda/sdgs/statistics/goal17.html（最終アクセス 2022/03/01）
- 国連広報センター「SDGs 報告 2021」: https://www.unic.or.jp/activities/economic_social_development/sustainable_development/2030agenda/sdgs_report/（最終アクセス 2022/03/01）
- 国連広報センター「『持続可能な開発目標（SDGs）報告 2021』発表に関するプレスリリース（日本語訳）」: https://www.unic.or.jp/news_press/features_backgrounders/42423/（最終アクセス 2022/03/01）
- UNSD, "View from the pandemic: stark realities, critical choices": https://unstats.un.org/sdgs/report/2021/view-from-the-pandemic/（最終アクセス 2022/03/01）
- UNStats, "Sustainable Development Goals Report 2021": https://www.youtube.com/watch?v=Cj-VqSPecfA（最終アクセス 2022/03/01）

4

日本における
エシカル消費
動向調査

日本におけるエシカル消費動向調査

　一般社団法人エシカル協会では、エシカル消費の動向の把握を目的に2019年4月〜2021年9月の期間において、エシカル消費に関する一般消費者アンケートを実施いたしました。回答は、紙ベースの設問表とオンラインでの回答フォームを活用し、国内過去最多レベルの6,000人を超える回答を収集いたしました。

回答者内訳

　10〜60代以上の男女6,040人から回答を収集し、10代の回答者が最も多い結果となりました。また、10代と20代の回答者の性別内訳においては、女性の回答者比率が高く、男性回答者数の2倍以上となっています。回答者の居住地は、47都道府県という結果となりました。本調査では年代と性別を分析の軸として採用しましたが、年代や性別を「その他」や「未回答」とした回答については他の回答と比べると大幅に数が少なく、同等の分析とすることが困難であるため、今回は分析の対象外としています。

　今回のアンケートでは、以下の質問について回答いただきました。

Q1. エシカル消費について知っていること・経験したことはありますか？

Q2. エシカル消費と聞いて最もイメージすることは何ですか？

Q3. エシカル消費に興味はありますか？

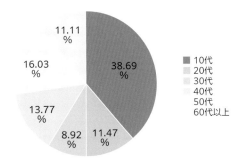

11.11%
16.03%
13.77%
8.92%
38.69%
11.47%

■ 10代
□ 20代
□ 30代
□ 40代
　50代
　60代以上

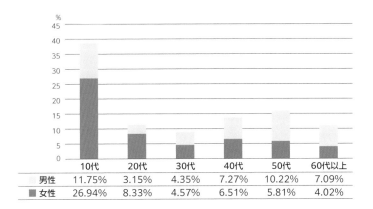

	10代	20代	30代	40代	50代	60代以上
男性	11.75%	3.15%	4.35%	7.27%	10.22%	7.09%
■ 女性	26.94%	8.33%	4.57%	6.51%	5.81%	4.02%

Q4. これまでエシカルな商品・サービスを購入したことはありますか？
今後購入しようと思いますか？

Q5. エシカルな商品・サービスを購入するときに参照する情報は何ですか？

Q6. エシカル消費をするにあたり妥協しても良いと思える要素は何ですか？

Q7. エシカルな商品・サービスを購入したくないと考える理由は何ですか？

エシカル消費に最も興味がないのは10代の若者

まず、消費者の間でどの程度エシカル消費が認知されているのか見ていきましょう。

Q1. エシカル消費について知っていること・経験したことはありますか？（総計）

エシカル消費の認知度に関する質問に対し、全体の約5割がエシカル消費を「知っている」と回答しました。その中でも「エシカル消費が必要な背景や解決の方法を学んだことがある」と回答した人、すなわちその意味まで理解している人は全体の2割でした。

- ■ エシカル消費が必要な背景や解決の方法を学んだことがある
-   エシカル消費という言葉だけ知っている
- ■ 今まで聞いたことはなかった

Q1. エシカル消費について知っていること・経験したことはありますか？
（年代別）

年代別のエシカル消費の認知度は、20代以上では5割を超える一方で、10代（学生）の認知度は、3割弱にとどまっています。昨今では教育現場において、エシカル消費に関する啓発や教材開発も進められていますが、上記の結果からは若年層に対する認知が未だ十分に高まっていないと読み取ることができます。特に本アンケート回答者の10代、すなわち現在高校・大学生に該当する世代は、教育課程へのエシカル関連カリキュラムの導入において過渡期に該当し、学ぶ機会が十分に整備されていなかったと考えられます。

加えて、学生は社会生活の中において「エシカル消費」に関する情報を見聞きする機会が限られていることも認知の低さに繋がっているのではないでしょうか。

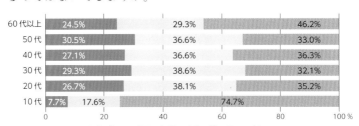

凡例：
- ■ エシカル消費が必要な背景や解決の方法を学んだことがある
- □ エシカル消費という言葉だけ知っている
- ▨ 今まで聞いたことはなかった

Q1. エシカル消費について知っていること・経験したことはありますか？

（年代×性別）

回答者の男女比の内訳をみると、すべての年代においてエシカル消費を知っていると回答したのは女性の方が多いという結果となりました。

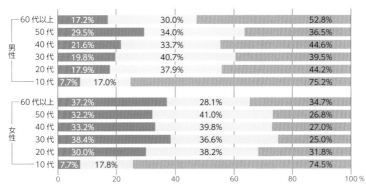

凡例：
- ■ エシカル消費が必要な背景や解決の方法を学んだことがある
- □ エシカル消費という言葉だけ知っている
- ▨ 今まで聞いたことはなかった

Q2. エシカル消費と聞いて最もイメージすることは何ですか？（複数回答可）

「エシカル消費」の認知においてそのイメージを問うと、全体の約8割が「地球環境」と回答しており、どの年代においても環境に対するイメージを強く持つということがわかります。一方で、「人権」と回答した割合は2割にも満たない結果となっており、「エシカル消費」と「人権」が結び付いていない人が多くいることもわかりました。人権を切り口とした発信により、現時点ではエシカル消費を認知していない層にも訴求できる可能性があると言えるのではないでしょうか。

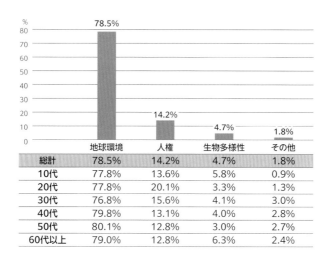

	地球環境	人権	生物多様性	その他
総計	78.5%	14.2%	4.7%	1.8%
10代	77.8%	13.6%	5.8%	0.9%
20代	77.8%	20.1%	3.3%	1.3%
30代	76.8%	15.6%	4.1%	3.0%
40代	79.8%	13.1%	4.0%	2.8%
50代	80.1%	12.8%	3.0%	2.7%
60代以上	79.0%	12.8%	6.3%	2.4%

Q3. エシカル消費に興味はありますか？（総計）

エシカル消費に関する興味に関する質問には、全体の7割が「興味がある」と回答した一方で、約3割は「興味はない」、「どちらともいえない」と回答しています。

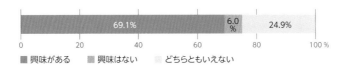

- ■ 興味がある　■ 興味はない　□ どちらともいえない

Q3. エシカル消費に興味はありますか？（年代別）

　年代別のエシカル消費に関する興味では、20〜60代以上の約8割が「興味がある」と回答しています。一方で、10代の約13％は「興味はない」と回答しており、他の年代に比べて特に割合が高くなっています。

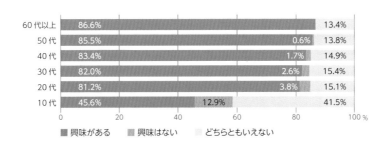

- ■ 興味がある　■ 興味はない　□ どちらともいえない

Q3でエシカル消費に「興味はない」とした回答者のQ1の回答状況（年齢別）

　しかし、Q3でエシカル消費に「興味はない」と回答した10代の約9割は、Q1においてエシカル消費という言葉を「今まで聞いたことがなかった」と回答しています。「興味はない」と回答した人のほとんどが、「今まで聞いたことがなかった」と回答している傾向は他の年代においても同様でした。このことから、認知普及の不足がエシカル消費への興味の低さに直結していると言えます。

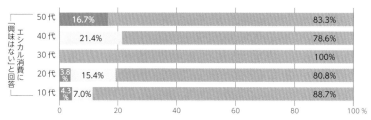

■ エシカル消費が必要な背景や解決の方法を学んだことがある
　エシカル消費という言葉だけ知っている
■ 今まで聞いたことはなかった

Q3. エシカル消費に興味はありますか？（年代×性別）

　回答者の男女比の内訳では、すべての年代においてエシカル消費に「興味がある」と回答したのは女性の方が多いという結果となりました。

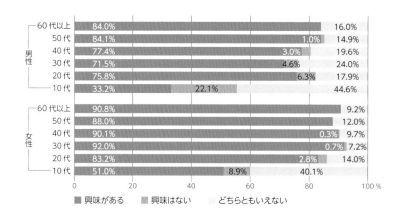

■ 興味がある　■ 興味はない　　どちらともいえない

消費者は情報を吟味する。
「何がエシカルか」を積極的に伝えることが求められる

Q4. これまでエシカルな商品・サービスを購入したことはありますか？ 今後購入しようと思いますか？(総計)

エシカルな商品を「購入したい」(「これまでも購入しており、今後も購入したい」、「これまで購入したことはないが、今後は購入したい」の回答合計)と回答した人は全体の9割に上ります。「購入したい」と回答した人の中で、実際にエシカル商品の購入経験があると回答した人は全体の3割となりました。

- これまで購入しており、今後も購入したい
- これまで購入したことはないが、今後は購入したい
- これまで購入したことはなく、今後も購入したいとは思わない
- これまで購入したことはあるが、今後は購入したくない
- 未回答

Q4. これまでエシカルな商品・サービスを購入したことはありますか？ 今後購入しようと思いますか？(年代別)

エシカル商品の購買経験は年代の上昇に比例して多いという傾向が読み取れます。特に「これまで購入しており、今後も購入したい」と回答した20代は10代の2倍以上であり、学生から社会人となり収入が増えるとともに購買経験と意欲が大きく拡大していると考えられます。

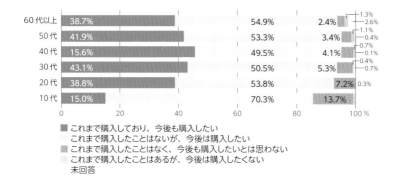

- ■ これまで購入しており、今後も購入したい
- これまで購入したことはないが、今後は購入したい
- ■ これまで購入したことはなく、今後も購入したいとは思わない
- □ これまで購入したことはあるが、今後は購入したくない
- 未回答

Q4. これまでエシカルな商品・サービスを購入したことはありますか？ 今後購入しようと思いますか？（年代×性別）

　エシカル商品の購買経験においては、女性の方が「これまで購入しており、今後も購入したい」と回答した割合が高く、男女差が顕著に表れています。これは、エシカル消費への「認知」(Q1) と「興

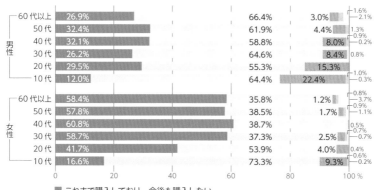

- ■ これまで購入しており、今後も購入したい
- これまで購入したことはないが、今後は購入したい
- ■ これまで購入したことはなく、今後も購入したいとは思わない
- □ これまで購入したことはあるが、今後は購入したくない
- 未回答

味」(Q3) の回答で示された男女差が、結果として購買経験と購買意欲への差として表れていると考えられます。

Q5. エシカルな商品・サービスを購入するときに参照する情報は何ですか？(複数回答可)

　エシカル商品購入の際に参照される情報としては、「製品の認証ラベル」(53.4%) についで「ウェブで調べた情報」(44.8%) が多いという結果になりました。認証ラベルについては、消費者に対して提供される情報の信頼性が担保されていると認知されているため、特に参照されていると考えられます。年代別の傾向では30代から60

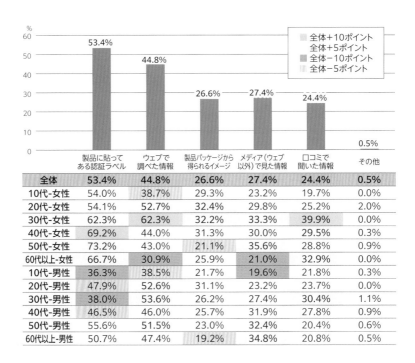

	製品に貼ってある認証ラベル	ウェブで調べた情報	製品パッケージから得られるイメージ	メディア (ウェブ以外) で見た情報	口コミで聞いた情報	その他
全体	53.4%	44.8%	26.6%	27.4%	24.4%	0.5%
10代-女性	54.0%	38.7%	29.3%	23.2%	19.7%	0.0%
20代-女性	54.1%	52.7%	32.4%	29.8%	25.2%	2.0%
30代-女性	62.3%	62.3%	32.2%	33.3%	39.9%	0.0%
40代-女性	69.2%	44.0%	31.3%	30.0%	29.5%	0.3%
50代-女性	73.2%	43.0%	21.1%	35.6%	28.8%	0.9%
60代以上-女性	66.7%	30.9%	25.9%	21.0%	32.9%	0.0%
10代-男性	36.3%	38.5%	21.7%	19.6%	21.8%	0.3%
20代-男性	47.9%	52.6%	31.1%	23.2%	23.7%	0.0%
30代-男性	38.0%	53.6%	26.2%	27.4%	30.4%	1.1%
40代-男性	46.5%	46.0%	25.7%	31.9%	27.8%	0.9%
50代-男性	55.6%	51.5%	23.0%	32.4%	20.4%	0.6%
60代以上-男性	50.7%	47.4%	19.2%	34.8%	20.8%	0.5%

代以上の女性が特に「製品の認証ラベル」を参照していると回答しています。「ウェブで調べた情報」については、消費者みずからが調べて確認したという点で、情報を吟味し納得した結果、購入に繋がりやすいと考えられます。年代別の傾向では、男女ともに20-30代が特に多く「ウェブで調べた情報」を参照しています。このことから、エシカル商品であるということを認証ラベルなどを通じて消費者に対して可視化することと、十分な商品情報を消費者にアクセスしやすい形で公開・発信することが購買意欲の喚起において重要と言えます。

買わない理由は「価格」「知名度」ではない。消費者が求めるのは品質

　消費者は、エシカル消費を行う際にどのような点を妥協しても良いと考えているのでしょうか。

Q6. エシカル消費をするにあたり妥協しても良いと思える要素は何ですか？（複数回答可）

「エシカル商品購入の際に妥協できる」と多くの人が回答した要素は、「知名度・ブランド力」(47.8％)と「価格」(43.8％)という結果となりました。一方、妥協したくないと考える人が最も多い要素は「品質」(15.9％)となりました。すべての年代・性別において、価格やブランドの知名度よりも、商品としての品質を重視するという傾向が読み取れます。高い品質の魅力的な商品であれば、ブランド力が低くても、値段が高くても、購入したいと考える人が多いのではないでしょうか。企業に対しては、「価格が高いと売れない」とい

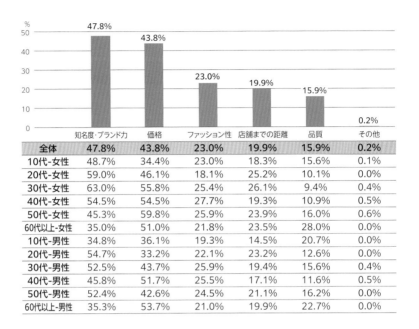

	知名度・ブランド力	価格	ファッション性	店舗までの距離	品質	その他
全体	**47.8%**	**43.8%**	**23.0%**	**19.9%**	**15.9%**	**0.2%**
10代-女性	48.7%	34.4%	23.0%	18.3%	15.6%	0.1%
20代-女性	59.0%	46.1%	18.1%	25.2%	10.1%	0.0%
30代-女性	63.0%	55.8%	25.4%	26.1%	9.4%	0.4%
40代-女性	54.5%	54.5%	27.7%	19.3%	10.9%	0.5%
50代-女性	45.3%	59.8%	25.9%	23.9%	16.0%	0.6%
60代以上-女性	35.0%	51.0%	21.8%	23.5%	28.0%	0.0%
10代-男性	34.8%	36.1%	19.3%	14.5%	20.7%	0.0%
20代-男性	54.7%	33.2%	22.1%	23.2%	12.6%	0.0%
30代-男性	52.5%	43.7%	25.9%	19.4%	15.6%	0.4%
40代-男性	45.8%	51.7%	25.5%	17.1%	11.6%	0.5%
50代-男性	52.4%	42.6%	24.5%	21.1%	16.2%	0.0%
60代以上-男性	35.3%	53.7%	21.0%	19.9%	22.7%	0.0%

う固定概念を持たずに、魅力的な商品を開発する努力が求められているとも言えます。また知名度・ブランドがなくとも消費者に訴求できる可能性があり、小規模事業者においても取り組みの余地が十分にあるのではないでしょうか。

知らないから選ばないのは当たり前。若者への教育が今こそ必要

　ここで、エシカルな商品を購入したくない人は、なぜそう思うかを見ていきましょう。

Q7. エシカルな商品・サービスを購入したくないと考える理由は何ですか？（複数回答可）

※対象：『Q4. これまでエシカルな商品・サービスを購入したことはありますか？ 今後購入しようと思いますか？』で「これまで購入したことはなく、今後も購入したいとは思わない」、「これまで購入したことはあるが、今後は購入したくない」とした回答者

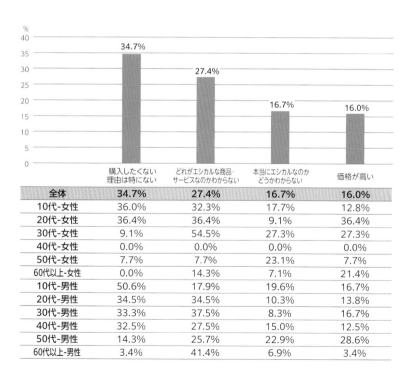

	購入したくない理由は特にない	どれがエシカルな商品・サービスなのかわからない	本当にエシカルなのかどうかわからない	価格が高い
全体	**34.7%**	**27.4%**	**16.7%**	**16.0%**
10代-女性	36.0%	32.3%	17.7%	12.8%
20代-女性	36.4%	36.4%	9.1%	36.4%
30代-女性	9.1%	54.5%	27.3%	27.3%
40代-女性	0.0%	0.0%	0.0%	0.0%
50代-女性	7.7%	7.7%	23.1%	7.7%
60代以上-女性	0.0%	14.3%	7.1%	21.4%
10代-男性	50.6%	17.9%	19.6%	16.7%
20代-男性	34.5%	34.5%	10.3%	13.8%
30代-男性	33.3%	37.5%	8.3%	16.7%
40代-男性	32.5%	27.5%	15.0%	12.5%
50代-男性	14.3%	25.7%	22.9%	28.6%
60代以上-男性	3.4%	41.4%	6.9%	3.4%

『Q4. これまでエシカルな商品・サービスを購入したことはありますか？ 今後購入しようと思いますか？』という設問でエシカルな商品を「購入したくない」と回答した人たちに、エシカルな商品・サービスを購入したくないと考える理由を聞いてみました。その理由として多かったのは「購入したくない理由は特にない」、「エシカルな商品がわからない」、「価格」という結果になりました。特に10代の男女において、「購入したくない理由は特にない」という回答が目立ちます。

自分のエシカル消費が地球環境にもたらす影響がわからない	身近にエシカルな商品・サービスがない	関心がある分野にエシカルな商品・サービスがない	欲しいエシカルな商品・サービスがない	未回答
10.0%	9.3%	8.7%	6.7%	4.4%
8.5%	7.3%	11.6%	11.0%	1.2%
13.6%	18.2%	13.6%	9.1%	13.6%
9.1%	27.3%	18.2%	9.1%	0.0%
0.0%	0.0%	0.0%	0.0%	100.0%
15.4%	0.0%	0.0%	0.0%	23.1%
0.0%	14.3%	0.0%	0.0%	14.3%
7.7%	4.8%	8.3%	4.2%	0.0%
13.8%	10.3%	3.4%	3.4%	0.0%
16.7%	20.8%	4.2%	8.3%	0.0%
7.5%	17.5%	12.5%	12.5%	0.0%
25.7%	14.3%	8.6%	2.9%	17.1%
6.9%	6.9%	0.0%	0.0%	20.7%

Q7で「購入したくない理由は特にない」とした10代の回答者のQ4の回答内訳

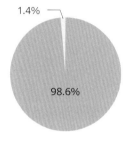

1.4%

98.6%

■ これまで購入したことはなく、
　今後も購入したいとは思わない

□ これまで購入したことはあるが、
　今後は購入したくない

　回答を深掘りしてみましょう。Q4の購買履歴と意欲に関する設問においてエシカルな商品を「購入したくない」とする回答は、「これまで購入したことはなく、今後も購入したいとは思わない」、「これまで購入したことはあるが、今後は購入したくない」の2つに分かれます。すなわち、購入履歴の相違点です。Q7で「購入したくない理由は特にない」と回答した10代のほとんどは、Q4においてエシカルな商品を「これまで購入したことがない」と回答しています。このことから、知識や購買経験のなさが、結果として「購入したくない」という回答に繋がっていると考えられます。エシカル消費の認知度（Q1）、興味（Q3）、いずれにおいても10代の回答は他の年代よりも低く、十分な情報とエシカルな商品との接点が未だ足りていないことが要因として考えられます。このような中、中学と高校の新学習指導要領に基づく教科書には、それぞれ2021年と2022年からエシカル消費の掲載が決定しています。中学校と高校でエシカル消費の教育が行われることにより、学生の間での認知度向上に期待が集まります。一方で、認知にとどまらない、エシカル消費へ興味や実践を引き出すには、教員をはじめとする現場指導者の生活者視点での実践的な教育も不可欠となります。

今求められる若者への教育と企業の行動

　エシカル消費への関心の輪は、コロナ禍の経済停滞や混乱のさなかにおいても広がりを見せています。本アンケートの調査結果では、全体の7割がエシカル消費に「興味がある」と回答し、「エシカルな製品を今後は（も）購入したい」と考える人は全体の9割に上ります。コロナ禍の分断は、個々人に「暮らし」と向き合う時間を与え、環境や社会との繋がりの大切さを再認識させました。しかし、日々の消費行動をさらに変容させる普及・啓発や選択肢の拡充が求められます。日本におけるエシカル消費の普及で鍵を握るのは、未来の消費者層となる若者、特に学生たちです。学生のエシカル消費に対する認知拡大と興味喚起のため、教育現場での積極的な啓発・教育が期待されます。

　企業の行動に対しても期待が高まっています。エシカルな商品を購入する際、消費者は知名度・ブランド力や価格は妥協できる要素と考えています。これは、エシカルな商品の開発におけるヒントとなるのではないでしょうか。また、「どの点でエシカルか」を消費者に伝えることのできる認証ラベルやマークの掲示や、商品情報の十分な公開も消費者から期待されています。これらの結果から、エシカルであることを追求し、かつ、情報の開示を通じて消費者と積極的にコミュニケーションをとるような、付加価値の高い製品を送り出すことが消費者から求められていると言えるのではないでしょうか。

（執筆協力　株式会社オウルズコンサルティンググループ）

専門家に聞く気候変動Q&A

　国連の気候変動に関する政府間パネル（IPCC）が「地球温暖化の原因が人間の活動によるものである」と断定しました。毎年のように自然災害が頻発するなか、気候危機をめぐる状況が気になるところです。その現状とこれから起こり得る事象、求められる対策とは何か。国立環境研究所・地球システム領域 副領域長の江守正多さんにお話を伺いました。

江守正多（えもり・せいた）

国立環境研究所 地球システム領域 副領域長／東京大学 客員教授。
1970年神奈川県生まれ。1997年に東京大学大学院 総合文化研究科 博士課程にて博士号（学術）を取得後、国立環境研究所に入所。2021年より地球システム領域 副領域長。社会対話・協働推進室（Twitter @taiwa_kankyo）室長。東京大学大学院 総合文化研究科 客員教授。専門は気候科学。IPCC（気候変動に関する政府間パネル）第5次及び第6次評価報告書 主執筆者。著書に『異常気象と人類の選択』『地球温暖化の予測は「正しい」か?』、共著書に『地球温暖化はどれくらい「怖い」か?』『温暖化論のホンネ』等。

IPCC第6次評価報告書が2021年8月に発行されました。その報告の要旨と、私たちが暮らす地球が今どのくらい危機にあるのか、改めて教えてください。

A1　報告書の要旨を順に見ていきますと、まず、人間活動の影響で地球が温暖化していることは疑う余地がないということがはっき

りと断言されました。そして今後、COP26開催前の段階で各国が
宣言していた目標が達成されたとしても、3℃近くまで温度が上
がってしまうという予測となっており、2℃や1.5℃で温暖化を止め
る削減ペースには全くなっていないということも明らかになりまし
た。

　今、世界平均気温が産業革命前から比べて1.1℃ほど温暖化して
います。それによって様々な極端現象、つまり猛暑や大雨、地域に
よっては干ばつや森林火災といったものが、より記録的な規模で起
きやすくなっている傾向があります。これから温度が上がれば上が
るほど、さらにそのような事象が増えていくことは間違いがないと
されています。

　そして、2021年から2040年までの平均気温が1.5℃に達してし
まうという可能性は50％以上との分析も公表されました。これは
温室効果ガスの排出量が一番低いシナリオに対しても言えることで
す。1.5℃で温暖化を止めるくらいの排出削減が実現したとしても、
一旦1.5℃に達してしまうという可能性が少なくとも五分五分の可
能性で起きるということを意味します。言い換えると、1.5℃で温
暖化を止めることは物理的にはまだ可能性が残されているわけです
が、その可能性はだんだんと狭まっていて、今急激に変化を起こさ
なければその可能性は閉ざされてしまう状況です。地球がどれぐら
い危機にさらされているかというよりは、人類が危機を引き起こし
ている、ということだと思っています。

Q2 COP26について、その位置付けの重要性、合意内容を含む総評、今後注視していくべきポイントについて教えてください。また、COP26の合意内容を踏まえると、日本にはどのような姿勢や取り組みが求められるのでしょうか。

A2 COP26では、2015年パリ協定でまだ決まっていなかったルールを決めると同時に、主催国イギリスが中心となって各国の気候変動対策への野心を高める機会にしようと試みました。そのような中で、1.5℃に向けた努力を追求することを決意すると合意されたのは一つの成果だったと思います。1.5℃を本気で目指そうという雰囲気の変化があったと見ています。現在の各国の排出削減目標は全く足りないものですが、「ではまた5年後に」というのでは遅すぎます。そこで、翌年末にアップデートした目標をもう一回持ち寄ることを各国に要請しました。それから、緩和対策のない石炭火力の段階的な削減についてです。これは、元々の案が段階的廃止（フェーズアウト）であったのですが、インドなどが反対をして土壇場で段階的削減（フェーズダウン）になったと言われています。非効率な化石燃料補助金には段階的廃止の文言が残りました。これ以外に、排出量取引などパリ協定のルールが全部決まったと言えるような合意内容でした。

今回の期間中あるいは少し前から、カーボンニュートラル目標を新たに発表した国が出てきました。一番大きかったのがインドで、2070年までにカーボンニュートラルになるという宣言をしました。ロシアが2060年、サウジアラビアも2060年、中国はずっと前に

2060年と言っていますので、新興国・発展途上国の大所がカーボンニュートラル目標をまがりなりにも出したということです。本当にそれが実現されるのか全くわからないにせよ、雰囲気は前進したという印象を持ちました。加えてアライアンス（有志連合）ができました。メタン削減、森林破壊削減、脱石炭など色々なアライアンスができ、あるいは拡大しました。日本も加入しているものがありますが、脱石炭に関しては当然のように入っていません。また、発展途上国が行う対策の資金についても、議論が行われました。先進国は2020年から民間を含める形で毎年1,000億ドルの資金を準備し、発展途上国を支援する約束をしていましたが、その2020年の資金の達成ができなかったことが背景にありました。

　今回の会議については、1.5℃に本格的に向かうような合意がすべて出されたということでは決してないと言えます。その意味では不十分なのですが、そこまでは期待していませんでした。なぜなら、一度に1.5℃を確実に達成することになった、というようなことはありえないだろうと考えていたから。そこで今回、先ほど挙げたインドが象徴的だったと思うのです。2070年までにカーボンニュートラルになるということは、いつかは石炭火力もやめることを意味します。しかし、フェーズアウトに対し抵抗したわけです。これは先進国が発展途上国を助けようとしていないではないか、というメッセージだったのではないかと思います。約束したお金が集まっていないにも関わらず、新興国・発展途上国にもっと野心的な目標を出すようになどと言うのはおかしいのではないかと。公平性が厳しく問われていると思うのです。温暖化を止めるべきということに関しては皆が合意しているわけですが、新興国・発展途上国が十分

に発展しながら温暖化を止めるということに関しての合意、先進国が建前ではなく支援する姿勢をとれていないのではないかという問題が、途上国がカーボンニュートラル目標を出してきた今だからこそ、改めて注目されるフェーズに入っているのではないかと思います。COP26での合意内容を踏まえると、日本が資金提供を宣言したのは前述の意味で良かったと考えています。

COP26では、各国が新たに表明した炭素排出量削減の目標について、今世紀中の気温上昇に与える影響はごくわずかだとの見解が示されました。希望を失うようなニュースですが、江守さんはこれに対してどうお感じになっていますか?

A3　今回、インドが2070年までに脱炭素化すると宣言しました。それを受けて、インド・中国・ロシアなどの長期目標がすべて達成されたとすると、1.8℃で温暖化が止まるかもしれないという試算が出てきています。2030年目標を新たにアップデートしたものを全部足したとしても2.4℃位なのですが、長期目標を加味すれば、2℃よりも低い見通しが視野に入ってきたということです。これは大きいことだと思います。

気候変動対策における日本の取り組みの評価をお願いいたします。日本の特出すべき取り組み、あるいは強みは何でしょうか?

A4　結論から申し上げますと、日本は現時点で国際的に評価できるところがあまりないと思っています。

　気候変動対策の中でも、特に火力発電に対する姿勢は複雑です。火力発電をある程度残すべきだと言っている人の中に2種類いると思います。既得権やプライドもあって、とにかく脱石炭や脱火力発電に反発をしている人たちはいると思いますが、皆がそうだと思ってしまうと見失うものがあるような気がしています。ゼロエミッション火力がその代表です。例えば、再生可能エネルギーが100％近くにまで増えていったとき、もしゼロエミッション火力というものが成立するのであれば、電源の安定性に関してプラスであることは技術的に間違いないだろうと思います。その意味で、もしCO_2を出さず水素やアンモニアが調達できるようになれば、あるいはせっかく最近建てた火力発電所があるのだから、火力発電を使う余地は残しておいた方がいいという意見は技術的には一理あるのですよね。アジアでもまだ使い続けている火力発電をゼロエミッションにするという分野で、日本の技術がリードすることはあり得るかもしれません。ただ、CO_2を出さずに作った水素やアンモニアを大量に安く調達することができるかというところが全くわからないので、そこは賭けだと思います。これに賭けるか、再エネ100％の道に賭けるか、あるいは原子力をある程度残すという方に賭けるか。どちらに進んでもリスクがあるという状況に来ています。多様な意見があるだけに、どれが絶対的な正解か私自身が判断しかねているところもありますが、現時点では再エネ100％が絶対的に正解だと言い切れない感じがしています。

Q5

逆に日本がもっと力を入れて取り組むべき分野はありますか？

A5　日本は前述の水素やアンモニア火力を目指す道がありますが、これは燃料が安く手に入るようにならなかった場合、頓挫する可能性があります。そこで、これからは洋上風力に力を入れなければならないということが目に見えてわかってきています。今、産業が立ち上がりつつあるところですが、どんどん技術開発を進めて、それをアジアの国々に提供する、ということはあるかもしれないです。ただ、良い技術を作ったとしても再び量産のフェーズになると、中国などに負けていくのかもしれません。かつて、太陽光発電がそうであったように。次世代太陽光も同じ道をたどることになるかもしれません。とても薄くてビルの壁面や車の天井など貼れるような、どこでも太陽光パネルになるような次世代太陽光、あるいは次世代バッテリーなどについても、日本が技術開発することが大変求められていると思うし、得意であると思います。しかし、日本がその産業でずっと勝っていけるかとなると、また別問題だというところが悩ましいのだと思います。

江守さんが監訳された本『ドローダウン』で紹介されている次のランキングがとても興味深かったのですが、特に気になるものはありますか？

1位：冷媒

2位：風力発電（陸上）

3位：食料廃棄の削減

4位：植物性食品を中心とした食生活

5位：熱帯林

6位：女児の教育機会

7位：家族計画

8位：ソーラーファーム（大規模太陽光発電）

9位：シルボパスチャー（林間放牧）

10位：屋上ソーラー

11位：環境再生型農業

　　　⋮

20位：原子力

A6　3位の食品ロスについてですが、自分ひとりがロスを減らす、目の前に出されたものを残さず食べるだけではほとんど意味がありません。皆がそうすることによって無駄な食材を買わなくなって、お店が無駄な食材を仕入れなくなって、さらにすべての店がそうすることによって、無駄に食料を輸入しなくなって……このように上流に影響を与えて初めて意味があることだと思っています。食品ロスについては、自分がやっただけで満足していたらだめではないか、という理解をしています。変化が及んで初めて意味があると思うので、声を届けるところが重要です。

　こういった問題に人々が関心を持っていないことについても触れると、普通に過ごしていると興味がない、わからない人はいて当たり前という感じはします。私は気候変動については仕事であり、かつ学生のときから興味があるために詳しいですが、他の色々な問題

に関しては結構ぼーっと生きています。同じように、気候変動に関してぼーっとしている人のことは、責められないというか気持ちはよくわかるというか。ほとんどの人はわからないということを前提にして、変化をデザインしていかないと上手くいかないのではないかと思っています。極端に言うと、皆がぼーっとしていても、いつのまにか脱炭素しているということが起きなくてはいけないということです。

「エシカル」という言葉をどう捉えていらっしゃいますか?

A7　「エシカル」つまり「倫理的な」ということについて、日本人は考えるのが苦手だと思っています。なぜなら、倫理や道徳というと、正しいことを押し付けられているような気がしてしまう。お前は正しくないと言われて、批判されているような気がしてしまう。価値観は人それぞれですので、上から正しさを押し付けられることに反発したくなる人はたぶん多い気がするのですよね。

　以前、規範倫理学の本やマイケル・サンデルの『これからの「正義」の話をしよう』(早川書房)を読んだことがあるのですが、功利主義から始まり、カントの義務論、ロールズの正義論があってなど、規範というものをどう捉えるべきなのかという議論をずっとしてきた系譜が人類にはあるわけですよね。それらを一通り理解したうえで、自分の身の回りにある問題に当てはめてみる。絶対的な正義があるわけではないけれども、人々の利害というのはどういう原理を使って調整していくのがよいか、自分はどういう考え方がいいと

　思っている、などという話を皆でできたらよいと思うのです。

　ただ、残念ながら、日本人はほとんどそのような話はできていないという気がしています。エネルギー政策の議論をしていると、コストの話や技術のポテンシャルの話はたくさんするのですが、例えば原発の放射性廃棄物は、世代間の公平性の問題から、将来世代にツケを残しているという話を、規範的な原理に基づいて言う人は本当にいないですよね。データや数値、お金、コストなど客観的な議論は、政策的な議論の材料になると思っているけれども、規範や倫理、エシカル、価値など主観的なふわふわしたものでは議論はできないと考えている人が多い気がするのです。しかし、本当は後者も大事で、例えばドイツが脱原発を決めたときは倫理委員会ができて、宗教家や社会学者が中に入って、技術的な議論とは別に倫理的な議論をしたと聞きました。私は、政策の議論の場に、もっと社会学者や倫理学者、哲学者を入れるべきなのではないかということを事あるごとに言うようにしています。

　エシカルが普及して、皆が知っている言葉になるのは良いことかもしれないです。けれども、意味を考える機会というのはもっとあった方が良いと感じます。「エシカル消費」というセットの単語になるとそれが意味するものは色々ありますが、「エシカル」という言葉の元々の意味を考える機会が増えると良いと思います。

2050年カーボンニュートラルが実現されたその先、どんな社会を求めていきますか?

A8　カーボンニュートラルが実現された先、ではないかもしれないのですが、カーボンニュートラルを実現させながら同時に考えなくてはならないことがあると思っています。最近、講演の最後にいつもお伝えしていることですけれども、格差の問題や国際協調の問題です。また、格差とも関係しますが消費主義の見直しについてです。大量生産・大量消費・大量廃棄をいかに脱していくか、あるいは生態系保全の問題、そういう問題を同時に考えながら実現させていかなければなりません。今のままでは、単に技術が入れ替わったことでCO_2は出なくなりました、だけどこんな社会でよかったのでしょうか、というふうになるだろうと思うのですよね。そういう意味では、持続可能かつ公正、つまり、地球環境という外部条件の限界を超えないように人類が発展するだけではなく、社会の側の条件を同時に満たしていかなければいけないということを考えるようになりました。少し前までは、カーボンニュートラルとは何にしてもCO_2がゼロになればよい、という方が考えやすかったし、説明しやすかったし、理解してもらいやすかったので、単純化してそのように話していたことが多かったのですが、ある時期からそれでは良くないと思うようになりました。

最近では気候正義を訴えている若者たちもたくさんいます。ぜひ若き
読者に向けてメッセージをお願いいたします。

A9　COPに行っていた人たちも、日本でアクションしていた人
たちも、それらがネット記事になると批判的なコメントがたくさん
付くのですよね。このような冷笑的なコメントを気にしないでくだ
さい、ということは声を大にして言いたいと思います。私は、脱炭
素における前述の格差の問題、あるいは途上国と先進国の問題を全
部含めて考えるとき、これはかつての奴隷制廃止と同じような規模
の変化だと思っているのです。ですから、そんなに簡単には変わら
ないし、変えるための努力や成し遂げるべきことは相当大きいとい
う前提で考えています。そして、変化の過程ではわからない、わ
かってくれない人もたくさん出てくるはずです。一方で、自分と価
値観の違う人の声に耳を傾けることも大事なことですが。

　皆さんには、自分は歴史の先を行っているんだという自信を持っ
てアクションしてほしいと思っています。大変さもあるかもしれま
せんが、歴史がだんだん動いていったときの喜びは大きいはずです。

　最終的に日本は外圧で変わらざるを得なくなるのではないかと思
います。そのときに、いかに変化に備えている人たちがいるかとい
うことが大事になってくるのです。皆がギリギリまで抵抗して、撤
退戦でボロ負けをするみたいな変化の仕方になることは避けなくて
はいけないですから。

5

エシカル
先進事例の紹介

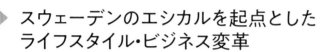

スウェーデンのエシカルを起点とした
ライフスタイル・ビジネス変革

株式会社ワンプラネット・カフェ代表取締役　エクベリ聡子

　北欧の国スウェーデンは、福祉国家として有名ですが、近年では
サステナビリティやイノベーションの先進国としても、欧米をはじ
め中国やインドなどアジアから注目を集めています。

　またSDGs（国連持続可能な開発目標）の進捗を評価する国際ランキ
ング[1]では、常に上位1、2位の座についており、環境・社会・経済
の3つの柱を包括的に取り組んでいることが高く評価されているの
をご存じでしょうか。

　この本のテーマである「エシカル」という言葉は、スウェーデンで、
人への健康的・経済的配慮（労働環境やフェアトレードなど）、将来世
代への配慮、動物への福祉的配慮、環境の持続性への配慮など幅広
い意味で伝えられています。一般的にはサステナビリティに包含さ
れるものとして扱われることが多いため、本稿ではサステナビリ
ティという言葉を使用していきます。

サステナビリティって大変なこと?!

　さて、日本のサステナビリティに関する意識調査[2]では、「大変」
「我慢」「制限」といった消極的なイメージを持っている人が多いと
いう傾向が見られています。

　次の図は、スウェーデン人が「サステナビリティ」という言葉を
聞いてイメージするキーワードで表現されたイラストです。上位に
挙がったのは次のようなキーワードでした。

環境　質の高い　未来　長持ち　安定

　一方で、日本の場合に見られるような「我慢」や「節約」という言
葉を挙げた人は非常に少ない傾向にありました。多くのスウェーデ
ン人にとって、サステナビリティとは、みずからの暮らしの質を高
め、安心して暮らせる社会をつくるという積極的なこととして捉え
ていることがわかりやすく示されています。

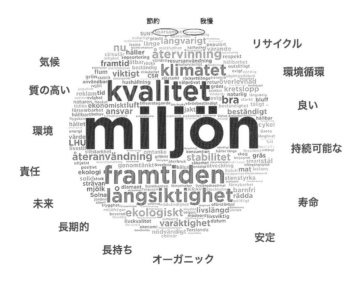

スウェーデン人のサステナビリティに対するイメージ

変わる、人々の価値観と企業の「売り」

　生活者がサステナビリティについて積極的なイメージを持つようになると、これまでの価値観がガラリと変わり、企業やお店においても「売り」となるポイントに変化が見られるようになります。ここでは実際に見てきた具体的な例をいくつかご紹介しましょう。

「きれいな」魚屋さん

　あるスーパーの魚売り場に「私たちは、きれいな魚しか販売しません」という看板がありました。魚が並ぶショーケースに目を移しても、特段美しい色や姿をした魚が並んでいるわけでもなく、不思議に思った私は店員さんにたずねてみたのです。すると、その店員さんが壁に掛けられた一枚のポスターを見せてくれました。

魚屋に掲げられていたポスター

そのポスターには、次のように書かれていました。

当店では、次のレッドリスト（絶滅危惧種）の魚、
魚介類は販売しません。

- クロマグロ　　　　・タコ
- ウナギ　　　　　　・サメ（フカヒレ含）
- ナマズ　　　　　　・手長海老　　　…他

そして、この魚屋さんで販売しているものはすべて、持続可能な漁業や養殖業であることを示すMSC（海のエコラベル）やASCの認証ラベルの付いている魚や魚介類とのことでした。「きれい」という言葉が意味するものが、見た目の美しさだけでなく、日常生活では意識しづらい生態系や環境への配慮にまで及んでいることに驚きました。

ポスターにあるリストの中には、日本ではまだスーパーやレストランで普通に手に入る食材もありました。しかし、私たちが日常的に食べている魚や魚介類の中には、乱獲や気候変動による海の中の水温上昇などが影響し、数が大きく減少してしまっているものもいます。世界の中でも魚の消費量が多い日本だからこそ、これから先も美味しい食文化を続けていけるよう、持続可能な消費を心がけていきたいと思わされました。

業界の常識を覆すジュース

実は、スウェーデンはスタートアップが多く誕生している国の一つであり、サステナビリティの課題に着目しソリューション（問題解決の方法）を生み出すビジネスが多いのも特徴です。

レスキュード・フルーツ社もその一つ。この会社は、食品ロス問題を解決するために立ち上げられた会社で、スーパーで売れ残ってしまうような傷が付いていたり、少し痛んでいたりする果物を買い取り、ジュースの生産や販売を行っています。

　ビジネスモデルとしてはとてもシンプルなのですが、ユニークなのはその商品の「売り」です。レスキュード・フルーツ社が仕入れる果物は、売れ残りそうな果物という特性上、毎回種類や味が異なります。同社ではそれを逆手に取って、「いつも味がちがう」ことを強みとしているのです。これは、業界の常識破りとして注目を集めています。

　通常の売り手と買い手の関係であれば、常に一定の味や品質が求められるのが当然ですが、食品ロスという社会的な課題を共有することで、これまでの非常識が「売り」となり、売り手と買い手に課題解決のパートナーという新しい関係性が生まれるのかもしれません。

　世界的に問題となっている食品ロスの解決をビジネスの中核に据え、わかりやすいコミュニケーションによってスウェーデン中にファンを増やしています。また最近では、スウェーデン最大のスーパーチェーンICA（イーカ）と業務提携し、お店で出る廃棄寸前の果物を使ったジュースをプライベートブランドとして発売するなど、他社とのパートナーシップを広げているそうです。

肉0% ?!

　もう一つの事例は、ファストフードのハンバーガーチェーンです。次の写真は、スウェーデンのバーガーキングのお店の前に大きく

貼り出されていた広告で、「肉0％、うまさ100％」と謳っています。実はこのハンバーガーは、2つとも植物性のパテを使っており、動物性の食材は一切入っていないのです。

　近年スウェーデンでは、気候変動を防ぐためのアクションや、動物福祉の観点から、若い世代を中心に肉の消費量を減らそうとする動きが加速しています。

「ビーフ100％」が売り文句となる日本ではなかなか考えられない広告ですが、スウェーデンでは社会全体で見ても、動物性タンパク質から植物性タンパク質へ切り替える人が増えてきており、学校の給食や社員食堂、そしてほぼどんなレストランでもベジタリアン用のメニューが用意されています。

　また、消費者からの後押しもあり、「肉0％」の食材も多様になってきました。日本では大豆ミートが代表的ですが、スウェーデンでは様々な種類の野菜やキノコ、ナッツなどを使い、異なる風味や食感を楽しむことができるようになっています。

「肉0％、うまさ100％」で人気を集める植物性パテを使ったバーガー

つくり手と買い手をつなぐ認証ラベル

　スウェーデンが日本と大きく違う点の一つとして、認証ラベルが付いた商品やサービスの多さが挙げられます。フェアトレード認証やオーガニック認証、先ほど紹介したシーフードのMSCやASC、紙や木材資源のFSCなどの他に、気候変動対策を表すものやベジタリアンやヴィーガンのラベルなど、分野も多岐にわたります。また対象となるものも、食料品や日用品といった商品だけでなく、ホテルや学校といった施設や、電車やバスなどのサービスも認証を受けています。

　スウェーデンの代表的な認証ラベルについては、90%以上の認知度があるという調査結果が出ており、消費者の選択において重要な役割を担っていることがうかがえます。

　これらの認証ラベルの利点として、主に次の3つが挙げられます。

1. 第三者による中立な評価

　つくり手や売り手の内部による取り組みへの評価ではなく、第三者が監査し、認証することで中立性と信頼性を高めることができます。

2. 消費者へのわかりやすいコミュニケーション

　消費者が買い物の際に、一つ一つの商品について環境配慮やフェアトレードの取り組みを調べて購入するというのは現実的ではありません。認証ラベルがあることで、消費者が判断しやすくなるという利点があります。

142

3. 社会のニーズに応える

　認証ラベルを取得するには、平均して約100から、多いものでは300近い基準をクリアすることが求められます。簡単な作業ではありませんが、その基準は社会（特にグローバル社会）が抱える課題に配慮されているため、つくり手として基準を達成すること、あるいは消費者として認証ラベルの商品を応援することは、サステナブルな社会づくりに参加することにも繋がります。

　スウェーデンでは認証ラベルの認知度が高いことは前述の通りですが、お店側も努力を怠ることはありません。スーパーの入り口に認証ラベルの一覧が掲示されていたり、店内の目立つところに認証ラベル商品を集めて販促をしたりという動きもしばしば目にします。

　また、ある全国チェーンのスーパーのレシートにも面白い取り組みがありました。以下のレシートですが、左側にクローバーのマークが付いているのがわかります。これはフェアトレードや環境配慮の商品であることを表しています。そして合計金額の下には、この

全国チェーンのスーパーのレシート。環境配慮型の商品には、クローバーの印が付いている。

サステナブルな買い物の合計金額も表示されていて、貢献度合いがすぐわかるようになっています。レシートにクローバーがたくさん付いていると、嬉しい気分になるものです。

　このように、日々の買い物や選択の中でサステナビリティを意識したり、ほめられる仕組みがある、という点もスウェーデンがサステナビリティ先進国として成果を上げている要因かもしれません。

コミュニケーションが促す、全員参加のサステナブルな未来づくり

　ここまで様々な事例を紹介してきました。スウェーデンの取り組みを見ていると、暮らしの楽しみや快適さを犠牲にしているというよりも、むしろ多くの人々や企業、自治体、学校などが、楽しみながら自主的にアクションを生み出している印象を受けます。その背景には、それぞれの行動がどんな未来に繋がっているかをイメージしている、という点も挙げられるかもしれません。

　スウェーデンでは、1996年に「2021年のスウェーデン」という環境ビジョンがまとめられました。このビジョンでは、当時の技術やリソースでできる、できないに関わらず、一世代以内にどんな社会を実現したいかという理想の姿をしっかりと描き、その実現のためにどんな課題を乗り越えていくべきかを整理したものです。これは、バックキャスティングと呼ばれる手法で、現在では、様々な国や自治体、企業などでも取り入れられています。

　あれから一世代が経ちました。「2021年のスウェーデン」で掲げられた目標の中には完全に達成できていないものも一部ありますが、このビジョンのおかげで国民や政府が力を集結し、大きな目標の多

くを達成できたと評価されています。

　そして現在、私たちには世界の共通ビジョン「SDGs」があります。2030年の社会のあるべき姿を世界中の人々が共有し、パートナーシップによって実現に向けた取り組みを行うことが求められています。SDGsはあのカラフルなロゴとともに世界的によく知られるようになりましたが、ロゴデザインとコミュニケーションデザインを手がけたのはスウェーデン人のヤーコブ・トロールベック氏です。SDGsの17の目標と詳細目標である169ターゲット一つ一つに、アイコンとわかりやすいスローガンを作ったことによって世界中の人々の関心を集め、理解を深める大きな後押しになっています。

　開発目標と聞くと、自分にはあまり関係がない、遠い存在のように感じてしまうかもしれませんが、ターゲットを見てみると、意外に身近な目標が含まれていることがわかります。例えば、食品ロスの問題は誰もが関わる問題の一つですが、2030年までに食品ロスの量を半分に減らすという目標があります。日本では、年間約612

ヤーコブ氏らと共同開発したSDGs169ターゲットのクイックガイドである『ターゲット・ファインダー®日本語版』[3]。16年10月国際フェアトレード認証（WFTO）を取得。

万トンの食品ロスが出ており[4]、これは国民一人当たり毎日おにぎり一個分ぐらいのごはんを捨てているのと同じだそうです。

　このように、スウェーデンに学び、目指す姿と身近な課題を知ることで、解決にむけた色々なアイデアが生まれるのではないでしょうか。

1.　Sustainable Development Solutions Network (SDSN) and the Bertelsmann Stiftung "Sustainable Development Report 2016–2021" Cambridge University Press: https://www.sdgindex.org（最終アクセス2022/02/01）

2.　Insight Research and Communication 社「企業と消費者に関する調査」https://sebgroup.com/siteassets/press_sv/bilagor/ovriga/svenskar-och-hallbarhet.pdf（最終アクセス2022/02/01）

3.　ターゲット・ファインダー®日本語版ホームページ：https://oneplanetcafe.com/sdgs/（最終アクセス2022/02/01）

4.　消費者庁「食品ロス削減関係参考資料」（令和2年6月23日版）: https://www.caa.go.jp/policies/policy/consumer_policy/information/food_loss/efforts/assets/efforts_200623_0001.pdf（最終アクセス2022/02/01）

プロフィール

エクベリ聡子（Satoko Ekberg）

株式会社ワンプラネット・カフェ代表取締役

日本企業のサステナブル経営・事業開発支援、人財育成支援の分野に20年以上従事。数多くのコンサルティング実績とグローバルなサステナビリティ有識者との人脈を活かし、実践的なアドバイスと事業の推進を行う。SDGs研修、講演、サステナビリティの先進事例を現場で紹介する視察ツアー（スウェーデン、ザンビア）、生活者密着型企業ネットワークの運営、及びアフリカ・ザンビアで廃棄されていたオーガニックバナナ繊維と日本の和紙技術を活かしたフェアトレードのバナナペーパー事業に注力。NPO One Planet Café ザンビア共同設立者、ワンプラネット・ペーパー協議会副会長、東北大学大学院環境科学研究科非常勤講師（2005-2015）、株式会社イースクエア取締役（2002年-2015年）など。著書に『うちエコ入門　温暖化をふせぐために私たちができること』（共著、宝島社）『地球が教える奇跡の技術』（執筆協力、祥伝社）。

「全米で一番住みたい街」ポートランドの、環境と経済を両立した暮らし

一般社団法人エシカル協会 理事／株式会社 Organic Crew 代表取締役　森　敏

　ポートランドは、アメリカの北西部にあるウィラメット川とコロンビア川が合流する地点に位置し、南北に連なるカスケード山脈の中部にはオレゴン最高峰のフッド山がそびえています。また、オレゴン州最大の都市であり、人口は全米25位の65万4,741人です（2019年米国勢調査調べ）。

　ポートランド市を含むマルトノマ郡では、1993年に全米の自治体で初めて「炭素排出量削減アクションプラン」を策定しました。これは、世界が気候変動対策に対して共通の目標を掲げた1997年京都議定書の発効より4年も前になります。それから8年後の2001年には、同市と郡がともに「地球温暖化に関するローカル・アクションプラン」を、2009年と2015年には「気候アクションプラン」をそれぞれ策定しています。さらに2016年の「総合計画2035」では、これらの気候変動計画を実行に移すための具体的な施策が盛り込まれるなど、ポートランドは全米で最も早くから積極的な気候変動対策に取り組んできました。オレゴン州全体で見ても、計画的な土地使用法を制定しており、豊富な自然を守るために太平洋沿岸地域を公共の土地として保護することが定められています。

「全米で一番住みたい街」ポートランド

　近年、ポートランドは「全米で一番住みたい街」としてたびたび紹介されるようになり、自然との共生やスローライフを実践しながら暮らす人々の移住先として、また観光地としても人気が高まってきています。「創造都市」「環境未来都市」とも呼ばれるポートランドがつくり出しているものは、この街で暮らす人々のライフスタイルにあると言えるでしょう。自然豊かな環境のもと、人々は地域で採れた食材で作られた美味しい食事や、近隣住民とのコミュニケーションを楽しみながら自分たちで理想の街を築いています。DIY精神や地産地消が根づいているため、個性的なショップやこだわりの職人が多いほか、筆者が現地を訪れたときもフードカート（屋台）やファーマーズマーケットが多くの人々で賑わいを見せていました。また、生活に必要なものはすべて徒歩圏で揃うという利便性も人気で、全米で最も緑の多い街、障害者や子育てに優しい街、人口当たりのNPOや飲食店の数が全米一多い街でもあります。ちなみにオレゴン州は、米国内でも数少ない消費税のない州であることも特徴です。

　コロナ禍前となりますが、毎年ポートランドを訪れる外国人としては日本人が最も多く、アートや食、街づくりなど様々な分野の魅力を体感し、ポートランドならではの視点を手本にしようと、企業や自治体、学校関係者、学生などがたびたびこの地を訪れていました。リピートする方も多く、世界的なパンデミックの終息の先に、再び観光客が増えていくことでしょう。

「KEEP PORTLAND WEIRD」

　街のスローガンとなっているこの言葉は「KEEP PORTLAND WEIRD」（ポートランドはへんてこなままでいよう）。前述の通り、自分たちで作れるものは何でも作るというDIY精神を大切にし、効率や生産性など度外視したクリエイティブな人々が多い、いわば創造都市です。また、ナショナルチェーンよりローカルなスモールビジネスや小売店、職人を支持する考えを持っており、同業の仲間を賞賛し合うような、ものづくりに対する深い愛情のある街でもあります。

　例えば、ダウンタウンにある Powell's City of Books は、単独店舗として全米最大級の書店ですが、新本とリユースの本（古本）が棚の中で混在して売られていることがユニークで有名です。また、ポートランド北東部に位置するケネディスクールは1915年に開校した小学校で、閉校してからしばらく放置されていましたが、現在は校舎全体がリノベーションされてホテル、レストラン、バー、映画館、スイミングプールや醸造所といった複合施設として使われています。

環境性能認証　LEED[1]（リード）

　ダウンタウンの北側にあるパール地区の都市再生事例の象徴的な建物「Natural Capital Center」（通称、エコトラストビル）は、1895年に建てられた旧倉庫をリノベーションしてつくられました。この建物は全米初のLEEDゴールド認証を取得しています。旧倉庫の廃材をすべて利用し、自然光を生かす天窓を作り、さらにはグリーン

ウォールによる遮熱や雨水の利用など、エネルギーを効率的に循環させています。

LEED認証（左）とエコトラストビル（右）

　また、1881年に建てられたオレゴン州兵訓練所・兵器庫は、600席の大ホール舞台と200席のスタジオ劇場のシアター「ガーディングシアター」へと変貌をとげ、ポートランド初のLEEDプラチナ認証を取得しています。旧建築の廃材の95％を再利用し、雨水利用や天井の放射冷暖房、空気循環やCO$_2$測定など、最新の省エネ設備が整っています。このように、市民による活動とこの街の未来を想定し、綿密に考えられた施策が続いているのです。

　ポートランドは全米で最も環境建築が多い街でもあり、1994年に全米初のグリーンインフラプランを策定、2001年にはエコ建築に対して新たに支援策を講じています。ちなみに日本においては、

「環境未来都市」に選定されている千葉県柏市にある柏の葉スマートシティの開発計画が、LEEDの街づくり部門の計画認証において、最高ランクとなるプラチナ認証を取得しています。この街では「世界の未来像をつくる街」をコンセプトに、ポートランドを代表する建築会社「ZGF」と連携して開発が進められているそうです。このように、日本の地方都市の街づくりのロールモデルとしても注目されており、今後の展開が楽しみです。

CO_2を削減しながら経済成長を続ける

　2016年2月、内閣府主催の「環境未来都市」構想推進国際フォーラムがポートランドにて開催されました。ごみの資源化が進んでいるポートランド。日本のようにごみ収集に自治体が関与せず、郊外の一戸建て住宅では家庭ごとに直接ごみ収集事業者と委託契約を結ぶことで、ごみの分別も進み排出量も減ったそうです。交通や建物の省エネ、再生可能エネルギーの普及、リサイクル、植樹や車の燃費向上などの数値目標を掲げ、1990年から2013年までにCO_2排出量を14％削減（この間全米では7％増加にも関わらず）、一人当たりの排出量はマイナス35％を達成しました。

　CO_2削減に取り組む背景には、1960年代後半から70年代の過度に進むクルマ社会により、オレゴンの豊かな自然を破壊し環境を汚染していく状況に、市民の反発が高まっていった歴史があります。今では太陽光発電や風力発電といった再生可能エネルギー分野や、エコ建築、都市の緑化やエネルギーの面的利用を進める都市開発、自転車産業などの最先端の取り組みをポートランドのあちこちで見

ることができ、人口は30％増加し、雇用も20％増加、GDPは300％の成長を見せています。

　また、ポートランドは環境に負荷のかかる車を使用しなくても、自転車や公共交通機関を利用して移動しやすいコンパクトシティとしても知られています。1996年には全米初の再生可能エネルギー戦略、自転車都市のマスタープランが策定されました。市内には、約500kmの自転車専用道路があり、通勤者のうち6％が自転車を利用しています。2015年には、ウィラメット川に「ティリッカムクロッシング橋」が開通。この橋は、全米初の自動車が通れない橋であり、公共交通機関であるマックスライトレールと自転車と歩行者のみ通行することができます。このように、森林公園や自転車専用道路も整備され街と自然の調和した姿が、この街をより一層魅力的にしています。

飲食店は街のクリエイティブコミュニティ

　さて、ポートランドは街の人口に対する飲食店の数が多い街として「食の都」（ガストロポリス）とも呼ばれています。地元の人気店としてまずご紹介したいのが、「Sweedeedee」という現代的な田舎風カフェレストランです。オーナーのEloise氏はオレゴン出身で、イギリスで10年程暮らした後この街に戻り店を始めました。地元の食材を使用した食事と自家製パンを提供しています。何よりも一緒に働くスタッフを大切にしていて、店は「local institutions」と言われる地域共生の場となっています。店内のBGMにはレコードをかけたり、ユーズド（中古）のカトラリーや職人に作ってもらっ

た陶器を使ったり。まさしく、ここはオーナーの想いの込められた
クリエイティブコミュニティです。

地元で愛されているカフェレストランSweedeedee

　また、飲食店の数だけでなく「アメリカ美食の街」第1位（2019年
WalletHub調べ）になるなど、食に対する意識が高いのもポートラン
ド。それらを代表するレストランが、オレゴン州レストランオブザ
イヤーにも輝いた「navarre」です。「Farm to Table：信頼する農家
から直送される食材の魅力をそのままテーブルへ」をコンセプトに、
地産地消を実践し地元の方々に愛されています。ポートランドの食
の歴史を築いてきた立役者であるオーナーシェフのJohn氏に「EAT
LOCAL」の定義をたずねたとき、「自分たちの頭に雨が降り注ぐと
き、自分たちが食べる農産物にも同じ雨があたっている。その距離
にある、食べ物を食べることが大切である。」と説明をしてくれま

した。この街では、このような考え方や消費行動が当たり前に広がっています。

美食の街ポートランドを体現するレストランnavarre

サステナブルな食の最前線

オレゴン州のウィラメット渓谷にあるアメリカ葡萄栽培地域では、冷涼・高湿の気候が特徴で、ピノ・ノワールの名産地として世界的にその名が知られてきています。カールトンセラーズのDave氏や元海洋学者のJohn Paul氏のキャメロンワイナリーは、養蜂はじめ自然生態系を守りながら作る、こだわりのナチュラルワインを醸造しており、ポートランドでの食とのマリアージュに欠かせない逸品です。

ポートランドの食文化に欠かせないワイナリーとファーマーズマーケット

　また、この街の地産地消を重んじる食文化の象徴であるファーマーズマーケットの中でも、オレゴン州立大学のものは「全米で訪れるべきファーマーズマーケット」の第1位となっています。20年前にスタートしたときの出店者はわずか10店舗ほどでしたが、今では200店舗を超えています。毎週末開催され、一般客だけでなくレストランのシェフも食材を調達に来るほか、日本のファーマーズマーケットのモデルにもなっています。

　他にも飲食店やフードトラックでは「Go Box」という、加盟店であれば買ったお店でない店舗でも、食べ終わった後の容器を返せる仕組みがあり、廃棄物ゼロを目指すサービスとして飲食店や食品店が多く取り入れています。小売店では、河川や海洋を汚染する要因になるプラスチック袋の使用も禁止されています。

ポートランドでは、多くの農家や企業が「フードバンク」という生活困窮者への食の提供システムに参加しています。家庭や企業から出る大量の食料廃棄をなくし、必要な人たちに分ける取り組みで、農家や企業、消費者がお互いハッピーになれる仕組みを実践しています。その他に市によるコンポスト（生ごみの堆肥化）プログラムも確立されています。

地産地消のクラフトビールとコーヒー文化

　まだ他にもお伝えしたい魅力があります。

　一つは世界でも有名なクラフトビール生産地であり、消費地であること。ポートランドの人々は、地元で作られる個性豊かなクラフトビールに誇りを持っています。原料となる大麦、ホップ、水はこの街の近隣地域で豊富に採れるものです。ポートランド初のエコブルワリーとして有名な「Hopworks Urban Brewery」は、醸造所の設備や醸造過程、使用する容器などあらゆるところでリサイクル素材を使用しています。また、農薬などの使用によって川を汚染したり、鮭の生態系に悪影響を及ぼしたりしないと認証された「サーモンセーフ」ホップを使用しており、地元コミュニティへの寄付やボランティアも積極的に行っています。アウトドアブランド「Patagonia」と共同開発された、CO_2削減に繋がる多年生穀物カーンザを原料にしたロングルートエールというビールもここで作られています。

あらゆるところでエコな醸造所 Hopworks Urban Brewery

　もう一つは、コーヒー本来の個性や多様性を尊重する「サード
ウェーブコーヒー」発祥地の一つとして世界的に有名であることで
す。市内にはなんと 50 カ所を超える数の焙煎所が存在しています。
他の人とシェアして使える焙煎所もあり、豆の産地から焙煎法、抽
出法、さらにはサステナビリティ、オーガニック、フェアトレード
など様々な観点において独自のポリシーをもって提供しているので
す。

まとめ

　ポートランドの街を丁寧に歩いてみると、小さな企業やお店が実
に様々な創意工夫をしながら事業を営んでいることがわかります。
多様なバッググラウンドを持つ人々が集まり、環境や人に配慮した

コミュニティや取り組みをいたるところで見ることができます。この街では常に、自然との共生、人間としての本質の追求や、個と社会の繋がりを大切にしているのです。

　この街の人々が歴史的に見てリベラルであることや独立精神の高いこと、そして地域に根ざしたビジネスをサポートしようとする気質が後押しとなり、サステナビリティや環境配慮への高い志向が、地域コミュニティと密接に結びつきながら形成されています。

　行政による未来を見据えた政策や取り組みはさることながら、SDGsやエシカル消費という言葉をあえて使うことなく、人・社会・地域に配慮した暮らしが、ライフスタイルそのものとしてこの地には存在しています。ポートランドで暮らす人々と繋がり、価値観の共有を続けることで、日本においても地域に根づいたサステナブルな暮らしの創造を目指せるのではないでしょうか。

参考文献
- 参議院「持続可能な創造都市づくり：米国ポートランド市の事例から」：https://www.sangiin.go.jp/japanese/annai/chousa/rippou_chousa/backnumber/2016pdf/20160909113.pdf（最終アクセス2022/02/01）
- ポートランド交通局ホームページ：https://www.portlandoregon.gov/transportation/59969（最終アクセス2022/02/01）

1.　米国・グリーンビルディング協会による建物の環境性能の評価制度

プロフィール

森　敏（もり・さとし）
一般社団法人エシカル協会理事／株式会社Organic Crew代表取締役／一般社団法人日本マルシェ協会理事／一般社団法人キッズクルー理事
サスティナブルキッチンROSY、Sweedeedee　JAPANを経営。エシカルな暮らしの普及・啓発を続ける傍ら、オーガニックフードプロデューサーとしてポートランドと日本の文化交流の架け橋として活動している。

バリ島におけるソーシャルビジネスの取り組み

一般社団法人Earth Company・Mana Earthly Paradise 共同創設者　**濱川明日香**

バリ島はソーシャルイノベーションのハブ

　誰もが憧れるリゾートアイランド、バリ島。「神々の島」「最後の楽園」などとして、日本人も大好きなバリ島ですが、今この島は、観光以外のところで世界から注目されているのをご存じですか？

　実は近年、バリ島はヨガやウェルネスのメッカであり、パソコン一つで自由に働くデジタルノマドのハブでもあり、地球上の様々な問題を新たな方法で解決しようとする「社会起業家」たちが世界中から集まる場所でもあるのです。

　競争ではなく「共創」。それはまさにバリに古来から伝わる知恵であり、今世界でようやく見直されている方向性でもあります。「利潤追求型の資本主義は終わった。これからは、人と社会と自然が共存し、相乗効果を持って包括的に豊かになっていく地球を実現すべき」と、この地にわざわざ起業しにくるのは、欧米人やジャカルタ出身のインドネシア人なども少なくありません。

　そんな私も、バリ島を拠点にNGOとソーシャルビジネスを運営する社会起業家です。本稿では、バリ島から世界に発信する様々なエシカルな取り組みについて、ご紹介していきたいと思います。

「世界で一番グリーンな学校」Green School

バリ島には、「世界で一番グリーンな学校」として知られる Green Schoolがあります。校舎に限らず机や椅子、橋や遊具までほとんどが竹でできており、その姿はまるでジャングルの中にそびえ立つ竹のお城のよう。ありとあらゆるエコが導入されていて、電力や水や食べ物も可能な限り自給しています。幼稚園から高校まで世界35カ国から約500人の学生が通い（パンデミック前）、1割ほどが地元からの奨学金制度を使って学んでいました。

2009年の創設以来、環境教育のパイオニアとして知られる Green Schoolは、世界中のメディアに取り上げられ、国連事務総長からハリウッドスターまで世界中から著名な人々が訪れる話題の学校となりました。近年はニュージーランド、南アフリカ、メキシコにもオープンし、今やチェンジメーカーを育てる国際的なネットワークとなっています。

学校が大切にしていることの一つに「起業家的な考え方を養う」という方針があります。みずからに備わっている課題発見力や解決力を伸ばすため、学生たち自身でプロジェクトを立案し取り組むことを学びの中に位置付けています。そのため、学生たちが発案したキッチンの廃油で走る「バイオバス」がスクールバスとして走っていて、実はバリ島からレジ袋を廃止させたのも Green Schoolの学生姉妹。卒業したら大学に行く、という従来のレールに乗るのではなく、起業したり、活動家になったり、ギャップイヤーをとったり、NGOでインターンをしてから大学に進んだりと、型破りな若いリーダーたちがたくさん生まれています。

バリ島のゼロウェイストムーブメント

　数年前に、バリ島の海でサーファーがゴミにまみれながらサーフィンしている写真がネットで拡散され、バリ島のごみ問題が浮き彫りとなりました。実はインドネシアでは90%のプラスチックが海に流れ出してしまっており、その量なんと世界で2番目というプラごみ大国[1]なのです。Eco Baliのデータによると、特にバリ島はごみ処理場がないため、これまで排出されたごみは、半分が燃やされるか周りの環境に捨てられるか違法投棄されるか、そしてもう半分は33ヘクタールにもなるごみ山に数十年にわたり積み上げられてきたのです。また、そのごみ山は空港からすぐの場所にあって異臭やハエが激しく、そこにあるスラムには学校にも通うことができない子どもたちがそのごみ山を漁って小銭稼ぎをしながら暮らしています。これこそ観光客が見ることのないバリ島の闇の側面。一日に排出する一人当たりのごみの量を見ると、観光客は地元民の7倍とも言われており、観光客がこの現状に加担していないとは到底言えないのが現実です。

　そんな現状をどうにかしようとバリ島のゼロウェイストムーブメントは年々大きくなり、ゼロウェイストショップも近年増えています。プラごみを燃やして燃料に戻す技術を若いインドネシア人の起業家が開発したり、川に捨てられたごみが海に流れる前に川でとどめるバリアを設置し海ごみを劇的に減らそうとするNGOをバリ島育ちのフランス人青年が立ち上げたり、またプラスチックパッケージの代替用品として海藻で作られた生分解性かつ食べられる包装材を若いインドネシア人女性が開発したり、とごみ業界にパラダイム

シフトを起こそうとするイニシアチブがここバリ島でたくさん生まれているのです。

バリ島から創る未来：Earth Companyの取り組み

　多くの課題を抱えつつもエシカルマインドの高い人々が集まるバリ島で、私も、2014年に夫と創設した一般社団法人Earth CompanyというNGOを運営しています。夫も私もこれまで国際開発やNGOセクターで働く中で、「このままでは、次世代に課題だらけの地球を引き継ぐことになってしまう」と確信させる状況を多々目の当たりにしてきました。今私たちに見えている課題は氷山の一角に過ぎず、それらの課題を生み続ける社会的構造を見直さなければならない。そのためには、その構造の中に生きる私たちのマインドと行動の変容は不可欠である、と感じてきました。

　今あるのは、発展の背景で多くの社会課題や環境問題が生まれる構図。環境を犠牲にしなければ発展できない成長モデル。途上国から搾取しなければ発展できない先進国の経済モデル。途上国に限らず、SDGsが目指す「誰一人取り残さない」を実現できているとは決して言えません。

　Earth Companyが目指すのは、人と社会と自然が共存し、それぞれが相乗効果をもって共に発展していく、循環型でエシカルな社会のあり方。それを私たちは「リジェネラティブな未来」と呼んでいます。

リジェネラティブな未来へ。

EARTH 1.0	EARTH 2.0	EARTH 3.0	EARTH 4.0
従来の世界	サステナブルな世界	サーキュラーな世界	リジェネラティブな世界
社会・環境課題を生まないと発展できないあり方	生んだ課題を解決しながら発展するあり方	課題をそもそも生み出さないあり方	社会の発展が相乗効果をもって地球上全ての命のウェルビーイングを向上するあり方
Net Negative	Net Zero (負荷：大)	Net Zero (負荷：小)	Net Positive

そんな未来を創るために、Earth Companyは主に3つの事業を行っています。

1. IMPACT HERO（チェンジメーカー支援）
2. IMPACT ACADEMY（チェンジメーカー育成）
3. MANA EARTHLY PARADISE（バリ島ウブドのエシカルホテル）

1. IMPACT HERO支援：「課題解決のセンターピン」を支援することで
アジア太平洋の未来を変える

Earth Companyが一年に一人選出する「IMPACT HERO」はアジア太平洋の未来を変える可能性のある、唯一無二の変革力を持つチェンジメーカー。強い情熱とビジョンで人生をかけて変革をもたらし、コミュニティの「希望の星」であるだけでなく、世界をインスパイアするほどの逸材です。課題の当事者として映画さながらの人生を生き抜き、愛する人たちが二度とその課題の犠牲になることがないように人生をかけて道を切り開いているからこそ、支援する

側の私たちをはじめ多くの人の心を動かす力があります。私たちは
そんな彼らから3年間でリーダーとしての能力を最大限に引き出し
ます。一人につき1,000～4,000万円ほどのファンドレイジングを
行い、これまでに7カ国で7施設の建設、7カ所での災害支援、5団
体のコンサルティングを通して、アジア太平洋地域で101万人の
人々にリーチしてきました。

2. IMPACT ACADEMY：SDGsのその向こうを見据えて行動できる人
　を育成したい

　昨今「SDGs」という言葉は毎日のようにニュースでも聞かれる
ようになりましたが、きちんと理解されずに言葉だけが一人歩きし
ている側面も見受けられます。SDGsは、2030年に向けた開発目
標であり、前身MDGsもそうであった通り、人類が通る一つの「通
過点」に過ぎません。私たちが見据えるべきは、SDGsのその向こ
うにどんな未来を創りたいのか、ということ。

　そのためには、⑴SDGsの背景を理解し、⑵自分が創りたい未来

を描き、(3) それを実現するための行動、ができるようにならなければなりません。しかし、最初のステップである「理解」は、頭で「知識」として理解するだけでは(2)と(3)に繋がりません。「未来創り」には、「心が動く」ことで生まれる「原動力」が必要です。心が動かない原動力はありません。そして原動力さえあれば、人はいくらでも学び、行動するもの。

　IMPACT ACADEMYでは、インパクトヒーローたちの言葉から、「SDGsを心で感じる」ことから始め、アクションを起こすところまでを伴走し、リジェネラティブな未来を創る「人」を育成しています。

3. MANA EARTHLY PARADISE（バリ島ウブドのエシカルホテル）：そこにいるだけでエシカル。究極の循環型ビジネスを目指すマナの挑戦

　Earth Companyの一番新しい取り組みは、ホテル。次世代に未来を繋ぐために実現したいあり方をできるかぎり体現するエシカルホテルです。2019年、バリ島ウブドにオープンしました。

　環境破壊や搾取を仕方ないとするビジネスではなく、事業が発展すればするほど、周りの人、社会、自然が良くなっていく循環型の仕組み。そんなことが実際に可能なのか、と聞かれることがよくありましたが、ならばエシカルを体現する一つの事例を作っちゃおう！というのがマナの始まりです。

照明の95%がソーラー発電

　マナは、照明の95％以上がソーラー発電。すべてのヴィラの屋根の上にソーラーパネルがあり、照明だけでなく、USBで充電でき

るものであれば太陽光で充電することができます。

水は雨水を

　バリ島を訪れる観光客は、現地推計によると一人当たり一日
2,000–4,000リットルの水を消費していると言われています。一
方バリ人の一日の消費量は僅か180リットル。また、観光業はバリ
島の地元経済の8割を占めると言われていますが、島の65％の水
を消費するため[2]、水不足により稲作が昔のようにできなくなりま
した。観光業により、元々貧困な人たちが、さらに貧困に陥る現象
も起こっているのです。

　しかしバリ島は幸い雨の恵みがたくさん降る島。私たちは、バリ
の人々から水を奪わないように、山の水ではなく雨水を貯留して
使っています。レストランやストアの屋根に降る雨水を駐車場の地
下にある60㎥の雨水タンクに貯め、濾過してから全施設へ供給す
るため、マナでは水道水もシャワーの水も、トイレを流す水ですら

飲めるクオリティになっています。

廃水も循環

一度キッチンやシャワーやトイレで使われた水は、浄化槽で濾過され、その後廃水ガーデンに流れます。廃水ガーデンに入った真っ黒の廃水は、廃水を好む植物を育て、それらの植物にさらに濾過され、透明になった状態で放水されます。こうして、バリ島の土壌や地下水を悪化させないようにしています。

新しい木を一本も切らずに建てた施設

マナの施設建設に使った木材は、すべて廃材を再活用したものです。近隣の島々で廃屋となっていた古民家から木材を集めマナの建設に使ったため、一本一本の柱が違う島出身の違う木であったりします。その多くが100年を超えるもので、マナで第二の人生を歩んでくれています。

アースバッグ工法で建てたヴィラ

マナのエコヴィラは、すべて「アースバッグ工法」を用いて建設。アースバッグとは、水と混ぜ合わせた土を土嚢に詰めて積み上げる工法です。大きなメリットは、シンプルなテクノロジーで地元の労働者をトレーニングしやすいこと、費用が安いこと、そして何より熱の通りにくさ。夜は外の冷気を吸収し、12時間かけて室内に冷気が届くため日中の室内は涼しく、夜には日中の外の熱気が室内に

届くので温かく、エアコンがなくても快適に過ごせる設計です。

Farm-to-table-to-farmの酵素玄米カフェ「Mana Kitchen」

　自然の恵みに極力手を加えずに、地球が与えてくれた恵みをありがたくそのまま体に取り入れるためのレストランです。マナキッチンでは、マナのパーマカルチャーガーデンで在来種の種を無農薬で育て、足りない食材は地元の生産者から仕入れて地産地消。インドネシア伝統のスパイスと、味噌や塩麹や甘酒など日本古来の智慧を

m a n a concept

- 体と自然に優しい食事
- 畑で育てた在来種の野菜
- 自然が恵んでくれる命を
  そのまま頂く
- 農薬、化学調味料、遺伝子
  組み換え、F1の種、レンジ
  不使用
- 牛肉は使わない

m a n a *healthy paradise · ritual*

フードロスを産まず
肌に良いベジブロス

白身魚の味噌漬けフライ

酵素玄米

塩麹唐揚げ
バリの香味乗せ

遺伝子組み換えでない
テンペ

無農薬畑の
採りたてサラダ

フュージョンし、化学調味料やレンジを使わず、体と地球に優しい料理を提供しています。ベジタリアンではありませんが、生産過程において世界の温室効果ガス排出量の1割近くを占める（FAO調べ）という牛肉は使いません。地球に優しい食べ物は体にも優しく、体に良いものは地球にも良いのです。

そして食品廃棄物はコンポストに。まさに、farm-to-table-to-farm（直訳すると「畑から食卓から畑」）なのです。

買えば買うほど世界が良くなるエシカルショップ「Mana Market」

マナには、エシカルショップも併設しています。マナマーケットで大事にしている5つの要素は、①オーガニック②エコ③エシカル④ソーシャル（社会に良いもの）⑤ローカル（地産地消）。ここで商品が買われれば買われるほど、買った人が健全になったり、社会的弱者の生活支援になったり、地元経済に貢献できたり、インドネシアの若き社会起業家たちの応援に繋がったり、プラごみや廃タイヤが減ったり、自然が破壊から守られたり、二酸化炭素の排出が減った

mana market products

廃油で作られた食器洗い洗剤　計り売りのソープ　NGOが作る商品　自然素材の掃除グッズ

地元のおばちゃんの計り売りスパイス　気候変動の解決につながるコーヒー　廃タイヤを使ったアップサイクルサンダル　森林伐採の被害者を救うバッグ

り……このように、人を、社会を、自然を良くする商品のみを厳選して、極力量り売り、またはパッケージフリーで売っています。従来の「利潤追求型資本主義」ではなく、「みんなの幸せ追求型資本主義」、とでも言うべきでしょうか。環境のみならず、資本も機会もウェルビーイングも循環する、エシカルでサーキュラーなビジネスのあり方を追求しています。

　現代を生きる私たちは、地球を救うことができる最後のジェネレーション、と言われています。この数年が、この先数千年を大きく影響するとも。そんな「分岐点」まで地球や人類を追い込んでしまったのは私たち自身でしかないのですが、だからこそそれを覆せるのも、さらには引き返してより良い未来を創ることができるのも、私たちしかありません。

　今を生きる私たちは、未来に対して人類史上最大の影響力を持っています。わざわざそんな特別な時代に生まれたことに意味があるのかはわかりませんが、次世代が50年後、100年後のある日振り返ったときに、彼らに「地球の分岐点だったあのときに、あの世代が軌道修正してくれて良かったよね」と言ってもらえるように、軌道修正が可能な時代を生きる者として、最善を尽くしたいものです。

1.　Jambeck et al., "Plastic waste inputs from land into the ocean" Science: https://www.science.org/doi/10.1126/science.1260352（最終アクセス2022/02/01）

2.　IDEP foundation, "Sustainable Tourism:the future we want to save Bali's freshwater": http://www.idepfoundation.org/en/what-we-do/idep-news/327-sustainable-tourism-the-future-we-want-to-save-bali-freshwater（最終アクセス2022/02/01）

プロフィール

濱川明日香 (はまかわ・あすか)

一般社団法人 Earth Company・Mana Earthly Paradise 共同創設者

ボストン大学卒業後、一人旅した南太平洋の島国サモアで気候変動の影響を目の当たりにし、外資系コンサル会社勤務後ハワイ大学大学院にて気候変動研究。サモア沖大地震、東日本大震災で復興支援活動に従事後、海面上昇で世界で一番最初に沈むと言われるツバルを支援する気候変動NGOの副代表を務める。2014年、次世代につなぐ未来を創るチェンジメーカー支援・育成を目的に一般社団法人Earth Companyを夫と設立し、バリ島に移住。2019年にはエシカルホテルをオープンし、現在は夫とバリ島ウブドでNGOとエシカルホテルを運営しつつ4人の子どもの自然育児に奮闘中。2014年、ダライラマ14世より「Unsung Heroes of Compassion」受賞。2018年Newsweek誌「Women of the Future」、2021年同誌「世界に尊敬される日本人100人」に選出。2022年ASIA 21 Young Leader受賞。

四国一ちいさな上勝町から広がる
ゼロ・ウェイスト

株式会社BIG EYE COMPANY・Chief Environmental Office（CEO）　大塚桃奈

はじめに

　あらゆる「消費」を前提に社会が動いているとき、現代のライフスタイルのもとではお金があれば簡単にモノやサービスへ生活を委ねることができます。さらに、それぞれの繋がりが不透明であればあるほど、なんの後ろめたさもなくモノとの関係性は容易に断つことができてしまいます。毎日の暮らしはモノを買い、作り、使い、ごみ箱に捨てるという行為から成り立っており、家庭から出るごみは一般的に週に何度か決まった収集日にごみ袋に入れると、誰かがどこかへ持っていってくれます。日本では衣服の廃棄量が年間約48万トンあり、食品ロスは年間612万トン、廃棄プラスチックは年間850万トンに上ると言われています。本稿では、ローカルレベルで取り組んできた徳島県上勝町における「ゼロ・ウェイスト（Zero Waste）」の活動を切り口に「エシカル消費」について読み解きます。「ゼロ・ウェイスト」という視点から改めてモノ、そしてそれを取り巻く生産者や地域社会、自然環境に思いを馳せることは、生産だけでなく廃棄過程にも透明性をもたらし、価値を失うそれぞれのごみを資源として生まれ変わらせる希望を見つけることができるのではないでしょうか。

ゼロ・ウェイストとは何か

　日本語において「ゼロ・ウェイスト」は、「ごみゼロ運動」と置き換えられることが多くあります。これには自治体の一斉清掃やごみ拾い活動、不法投棄の監視、さらにごみの再資源化などの動きが関係しており、一般的に消費活動後の廃棄物をなくす活動だと理解されていますが、英語の「ウェイスト」には物質的な「廃棄物」だけでなく「物を無駄にする・浪費する」など動詞としての使い方が含まれています。つまり、廃棄物の抑制を目指すうえでは、製品の生産段階から再び資源として活用できる循環を目指した設計に配慮する必要があり、動脈産業から静脈産業まで全体の流れを俯瞰することが求められます。このことから、「ゼロ・ウェイスト」を達成するには、消費者や生産者だけではなく、処理業者に加え、それを取り巻く行政のそれぞれの協力が欠かせません。

　廃棄物が与える環境への影響力が社会的に認識されるようになったのは、焼却炉の爆発の危険性及び大気粒子状物質が近隣住民に与える危険性と並び、埋立地からの浸出液による水路の汚染が顕著になった1970年代からだと言われており（ロビン, 2003, p17）、日本で廃棄物の処理及び清掃に関する法律（廃棄物処理法）が公布されたのは1970年12月25日のことでした。

　また「ゼロ・ウェイスト国際連盟（Zero Waste International Alliance）」は、2000年代当初、科学者のリチャード・アンソニー氏が資源循環に関する専門家を集めたワークショップを開いたことを機に2002年に発足しました。彼らによれば「ゼロ・ウェイスト」は次のように定義されています。

ゼロ・ウェイストとは、すべての資源の保全を目指し、責任ある生産、消費に加え、製品の再利用や修復、包装、素材において自然環境や人間の健康を脅かすような焼却処分をせず、大地や水、空気に負荷をかけないことである。

　以上から、適正な資源循環を通じて廃棄物がもたらす環境汚染や気候変動を阻止することが念頭に置かれていることがうかがえます。
　これらの取り組みを受けて1996年に世界で初めて「ゼロ・ウェイスト」に対して旗を揚げた自治体がありました。オーストラリアの首都キャンベラです。政府として「2010年までにゼロ・ウェイストの達成を目指す」と宣言し、民間資源化施設の整備や埋め立て処分場の搬入手数料の引き上げなど、住民一体となって取り組んだことでリサイクル率が向上したことを受け、さらにそのムーブメントは他国へと広がりを見せました。現在、宣言自治体は世界で100以上にも上ると言われており、日本国内でも徳島県上勝町を筆頭に、福岡県大木町、熊本県水俣市、奈良県斑鳩町、福岡県みやま市が宣言を発表しています。

徳島県上勝町のゼロ・ウェイスト宣言

　2003年9月に国内初の「ゼロ・ウェイスト」を宣言した自治体である上勝町は、四国山脈の南東にあります。東西に流れる勝浦川流域のわずかな平坦地を除けば、そのほとんどが山林で標高100メートルから700メートルの間に大小異なる55の集落が点在。住民一人ひとりが消費活動の過程で生まれるごみとこつこつ向きあい、令

和2年度にはリサイクル率81％を達成しています。

　廃棄物対策において上勝町に大きな転換期をもたらした背景には、公営の野焼き場が廃止に追い込まれ、新たに建設した小型焼却炉が「ダイオキシン類対策特別措置法」の施行により3年で閉鎖したことが関係しています。上勝町が野焼きから脱却するために最初にとったアクションは、1993年に行われた「リサイクルタウン計画」の策定でした。この計画を機に町内のごみの組成調査からリサイクルの方針を定める中で、家庭の3割を占めていた生ごみを各家庭で堆肥化することに加え、ごみの収集車や集積所は町内に用意せず住民みずからが「ゴミステーション」に持ち込み資源分別を行う1拠点回収のスタイルを確立していきました。1997年には9つだった分別回収の項目も、それぞれの節目で22、35と増加していき、そのユニークな取り組みはメディアに取り上げられ、視察者もたずねてくるようになりました。なかでもアメリカを中心に焼却炉計画の廃止を目指して「ゼロ・ウェイスト」を推進していたセントローレンス大学のポール・コネット化学部教授の来町によって、「ゼロ・ウェイスト」の理念が初めて紹介されたことが町内の気運を高めました。なんとその2カ月後には町議会全会一致で「ゼロ・ウェイスト宣言」が発表されるに至ったのです。宣言文は、次の3つの柱から構成されています。

1. 地球を汚さない人づくりに努めます。
2. ごみの再利用・再資源化を進め、2020年までに焼却・埋め立て処分をなくす最善の努力をします。
3. 地球環境をよくするために世界中に多くの仲間をつくります！

この目標を実現させるにあたり、町民有志がNPO法人「ゼロ・ウェイストアカデミー」を2005年に設立し、町内のゼロ・ウェイスト活動を支援する目的で「ゼロ・ウェイスト推進基金条例」が制定されました。住民が利用するゴミステーションでの回収・分別方法の整備に加え、「くるくる工房」や「くるくるショップ」といった町内リユース・リメイクの推進、「ノーレジ袋キャンペーン」や「ゼロ・ウェイスト認証制度」、リユース食器の貸し出しをはじめとする町内事業者に対する支援といった町内の事業者に対する支援、町外人材を受け入れる研修やインターンシップ等を行ってきました。この結果、上勝町のごみは全体の約半分まで減量させることに成功し、正確で徹底した分別が可能になったことでリサイクル率も全国平均の約4倍の数字を誇るようになりました（2021年時点）。また、町の取り組みに賛同した人々がゼロ・ウェイストを生かしたビジネスを興しています。例えば、「Café polestar」では台所からゼロ・ウェイストに挑み、食材の仕入れをリユース容器で行い、お菓子や調味料の量り売り等を提供しています。さらに、規格外品や未利用品を有効活用しクラフトビールを製造する「RISE & WIN Brewing CO.」、杉の間伐材から抽出したセルロースを生かしてタオル等のプロダクトづくりを行う「KINOF」や杉糸の販売を行う「KEETO」、古布をアップサイクルし洋服づくりを行う「JOCKRIC」、子どもや企業向けの学習・研修プログラムを行う「パンゲアフィールド」など、「ゼロ・ウェイスト」が上勝町における重要な地域ブランドの一つとして位置付けられ、新規移住者や事業者の誘致に繋がっていると言えます。

　初期のゼロ・ウェイスト宣言の目標年を迎えたこともあり、上勝

町役場は2020年12月に新たに再宣言を行い、2030年までの重点目標として「未来のこどもたちの暮らす環境を自分の事として考え、行動できる人づくり」を掲げました。それに伴い、宣言文の3項目も新しくなりました。

1. ゼロ・ウェイストで、私たちの暮らしを豊かにします。
2. 町でできるあらゆる実験やチャレンジを行い、ごみになるものをゼロにします。
3. ゼロ・ウェイストや環境問題について学べる仕組みをつくり、新しい時代のリーダーを輩出します。

　先に述べたように、上勝町役場の廃棄物政策によるトップダウンから始まったゼロ・ウェイストの取り組みは、NPO法人の設立に伴いボトムアップで支えられる形で町一丸となって推し進められてきました。一方で、上勝町の高齢化率は53％を超え過疎化は著しく進んでいます。また、20％のごみが焼却・埋め立て処分として廃棄されている事実を踏まえ、新宣言では循環型社会を目指す中での住民のウェルビーイングや、外部団体とのパートナーシップ、環境教育の促進についても触れられました。

上勝町ゼロ・ウェイストセンターの社会的役割

　上勝町ではさらなる試みとして、2020年5月30日（ごみゼロの日）に複合公共施設である「上勝町ゼロ・ウェイストセンター "WHY"」をオープンしました。上空から見ると疑問符の形をしたこの施設は、

従来の「ゴミステーション」と町内の中古品を集めたリユースショップの「くるくるショップ」に加え、イベントやセミナーが行える「交流ホール」、リモートワークが可能なレンタルオフィススペース「ラボラトリー」、上勝の暮らしを体験できる「HOTEL WHY」を兼ね備えています。暮らしの持続性が社会で問われている中で、消費者と生産者／住民と来訪者が交流し、ゼロ・ウェイストについて学び、イノベーションが生まれるプラットフォームを目指しています。

　特に、「ゼロウェイストアクション」をコンセプトにしたホテルでは、宿泊者は上勝に到着する前から「エシカル消費」を実感していただくことが可能です。宿泊に際して、使い捨てのアメニティーは用意していないため、パジャマや歯ブラシは事前にお持ちいただいたうえで、チェックイン時には滞在中に必要な分だけの無添加石鹸と、コーヒー豆やお茶を量り分けて提供しています。さらに施設案内を通じたゼロ・ウェイストのスタディツアー、客室に用意されたゴミバスケットでのごみの6分別、チェックアウトの際に参加できるゴミステーションでの45分別体験など消費の入口を考える機会を設けています。ホテルでの滞在をきっかけにご自宅でコンポストに取り組まれたお客様もいらっしゃいました。オープン一年目はコロナ渦ではあったものの県内外から1,200名ほどの宿泊客が訪れ、消費者庁長官や大手企業の役員等、約5,000名ほどの視察者が上勝の取り組みに触れるためにやってきました。

　これらの施設を形づくる建材は、主に上勝町を中心に集められ、地産地消を意識して上勝町産の杉材をふんだんに使用した木造建築となっており、すりガラスの窓や割れた陶器など廃材／古材も活用

しています。建築設計には環境設計の第一人者でもある中村拓志氏&NAP建築設計事務所並びに徳島のWRAP建築設計事務所、トータルディレクションにTRANSIT GENERAL OFFICE、事業スキームアドバイザーにはTONE & MATTERが参画し、一般社団法人地職住推進機構がパイプとなって上勝町役場と約10年かけて構想を練ってきました。施設の運営において持続可能性を追求し、経済的にも自立することを目指し、集客・収入装置としてホテルを併設し、管理を行っていく民間企業「株式会社BIG EYE COMPANY」を新たに上勝町にて設立しました。現時点では、ごみ処理にかかるコストに関してのみ行政負担で、それ以外の運営費に関しては指定管理料が支払われていません。

　上勝町で19年にわたり取り組まれてきた「ゼロ・ウェイスト」ですが、ポジティブな思いの積み重ねがこの活動の持続性の鍵だと考えられます。例えば、「くるくるショップ」では、なるべくごみを出さない「リデュース」や「リユース」という考えから、町の住民はまだ使用ができる製品（例えば陶器、衣服、家具）などを持ち込み、持ち帰りは誰でも自由に行うことができます。現在では、県内外から人々が立ち寄り、まちで不要だと思われていたモノが必要だと思う人へと年間約5トンほどバトンタッチされていきます。そして町の住民もごみの分別にあわせて立ち寄りモノとのセレンディピティを楽しんでいます。

　2020年5月には「くるくるショップ」の新しい試みとして、岡山の企業が立ち上げた「FUKKOKU」というプロジェクトにオフィシャルパートナーとして参加しました。これは使用済みデニム製品を町内外の人々から集め再びデニム生地に仕立てることで、人々を

巻き込みながら、捨てられるはずだったモノに価値をつくるプロジェクトです。2カ月の回収期間を設けたところ、山間部に位置する人口約1,500人の上勝町に166本のデニム製品が持ち込まれました。そのうちおよそ2/3は町外からの持ち込みで、デニムを手放した先の透明性や「ゼロ・ウェイスト」の取り組みに共感してはるばる上勝へやってきてくれました。これらのデニムは、付属品を解体した後、倉敷紡績の工場へ運ばれ、デニム生地となり、製品化されたのち、また上勝へ戻ってくる予定です。

　さらにこれからは「ラボラトリー」の活用をはじめ、循環型社会の実現に向けて企業連携を促進していく予定です。現在ではすでに県内外企業3社が年間契約を結んでおりますが、再生可能な製品・制度設計を目指していく中で、上勝が社会実験となり解決の糸口が生まれる可能性を多く秘めていると考えています。

　様々な視点からウェイストを考えると、その立地からカーボンフットプリントが大きくなってしまい、改善の余白はあると言えます。しかし、上勝町では過疎化が著しく進み、町内だけでは循環のサイクルをつくれないモノも数多くあるのも現実です。

　まずは小さなステップではありますがコラボレーションを通して「問題の一部になるのではなく、解決の一部になれる」機会を、ゼロ・ウェイストセンターとともにつくり、社会的・経済的価値を生み出すことで循環型社会を目指します。なぜモノをつくるのか？なぜ買うのか？なぜ捨てるのか？日々何気なく捨てている一つのごみから、暮らしの中のウェルビーイングを探す旅は始まったばかりです。

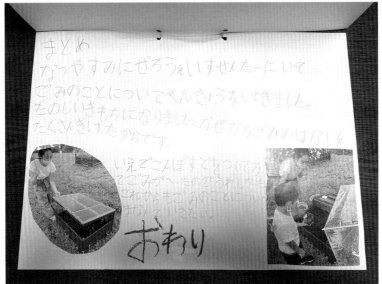

参考文献

- 笠松和市・佐藤由美『持続可能なまちは小さく、美しい：上勝町の挑戦』学芸出版社、2008年
- NPO法人ゼロ・ウェイストアカデミー「くるくる vol.11」NPO法人ゼロ・ウェイストアカデミー、2020年
- ロビン・マレー『ゴミポリシー：燃やさないごみ政策「ゼロ・ウェイスト」ハンドブック』グリーンピース・ジャパン訳、築地書館、2003年
- ZERO WASTE INTERNATIONAL ALLIANCE. "Zero Waste Definition"：https://zwia.org/zero-waste-definition/（最終アクセス2022/02/01）

プロフィール

大塚桃奈（おおつか・ももな）

株式会社 BIG EYE COMPANY・Chief Environmental Officer（CEO）

1997年生まれ、湘南育ち。「トビタテ！留学JAPAN」のファッション留学で渡英したことをきっかけに、服を取り巻く社会問題に課題意識を持ち、長く続く服作りとは何か見つめ直すようになる。国際基督教大学卒業後、徳島県・上勝町へ移住し、2020年5月にオープンした「上勝町ゼロ・ウェイストセンター」に就職。現在、山あいにある人口1,500人ほどの小さな町で暮らし、ごみ問題を通じて循環型社会の実現を目指して同施設の運営に携わる。大学4年時には、"エシカル消費"がテーマの絵本『Are You Ready?:The Journey to the Veiled World』（山川出版社）の翻訳プロジェクトを学内で立ち上げ、1年生から4年生の総勢24名のチームで英訳を担当した。また、日本で最も美しい村連合のひとつでもある上勝町の魅力を、季刊誌で発信もしている。

6

エシカルな世の中を
つくるための
全世代会議

▶ エシカル革命

一般社団法人エシカル協会代表理事／日本ユネスコ国内委員会広報大使　末吉里花

エシカル消費とは

　本稿ではまず「エシカル」の意味をおさらいしましょう。エシカルとは、直訳すると「倫理的な」という意味で、法律の縛りはないけれども多くの人が正しいと思うこと、また人間が持つ良心から発生した社会的規範を意味します。最近、ようやくエシカル消費が注目され始めていますが、ここで言うエシカルとは、「人や社会、地球環境、地域に配慮した考え方や行動のこと」を指します。つまり、エシカル消費とは、地域の活性化や雇用なども含む、人や社会、地球環境に配慮した消費やサービスのことです。エシカル消費を実践することで、SDGsが掲げる17個の目標のうち、12番目の「つくる責任　つかう責任」の達成に寄与できるだけでなく、13番目の「気候変動に具体的な対策を」をはじめとする、いくつものゴールを成し遂げるためにも有効であり関心が高まっています。

身近なものから想像を

　私たちが日ごろ身につけている洋服は、誰によって、どこで、どのように作られたのでしょうか？今朝飲んだコーヒーは？その生産

工程を想像してみたことはありますか？想像したことがある人は、製品を手にとってみても、その裏側にある背景を知ることは難しい、と感じたのではないでしょうか。このように、買い手である私たちと、製品が作られる背景の間には大きな壁が立ちはだかり、この壁を乗り越えて生産工程を見ることは容易ではありません。グローバル化が進み、生産工程が複雑化された今、私たち消費者は自分たちが手にするモノやエネルギーが作られる背景をなかなか知ることができないからです。もし、壁の向こう側で、人や地球環境を犠牲にするような問題が起きていたらどう思いますか？その背後では、劣悪な環境で長時間働く生産者や教育を受けられず強制的に働かされている子どもたち、美しい自然やそこに住む動植物が犠牲になっているかもしれません。あるいは、工業的畜産の裏側には虐げられている動物たちがいるかもしれないのです。さらに、生産という行為そのものが、資源の過剰な消費、エネルギーの浪費、土壌をはじめとする自然環境の破壊などによって、気候変動という問題を引き起こす一因にもなっています。

　エシカル消費とは、前述したような問題を引き起こしていない製品を購入することであって、いわば「顔の見える消費」とも言えます。今、世界の緊急課題である気候変動・人権・貧困・生物多様性の損失の4つの課題を同時に解決していくために、このエシカルという概念が有効だと言われています。

　日本においては、消費者庁が2015年5月から2年かけて「『倫理的消費』調査研究会」を開催し、エシカル消費の枠組みづくりが行われました。エシカル消費は間口が広く、「エシカル」という大きな傘の下に「フェアトレード」を筆頭に「オーガニック」「地産地消」

「障がい者支援に繋がる商品」「応援消費」「伝統工芸」「動物福祉[1]」「寄付付き商品」「リサイクル・アップサイクル[2]」「エシカル金融[3]」など幅広い消費の形があります。

エシカル消費の分類（山本良一先生資料一部引用）

環境への配慮	社会への配慮	地域への配慮
■ グリーン購入 ■ 再生可能・自然エネルギー ■ 有機農産物・綿 ■ 国産材・間伐材 ■ カーシェア・サイクルシェア ■ 省エネ商品 ■ 動物福祉製品 ■ 認証ラベル製品（水産物、森林など） ■ リサイクル・アップサイクル ■ ワンウェイプラスチックの代替品	■ フェアトレード製品 ■ 障がい者支援に繋がる製品 ■ 寄付付き製品 ■ 社会的責任投資 ■ エシカル金融	■ 地産地消 ■ 地元商店での買い物 ■ 応援消費 ■ 伝統工芸

「『倫理的消費』調査研究会」が派生して創設された一般社団法人日本エシカル推進協議会（JEI）は、2021年11月に日本初のエシカルに関する総合的な基準として、8分野43項目にわたる「JEIエシカル基準」を策定しました。主に費用面で認証取得が難しかった中小企業や地域企業、自治体などが、みずからの取り組みのレベルを客観的に自己診断できるようになりました。

　エシカル消費の基本はシンプルです。それは「エいきょうをしっかりと　かんがえル」こと。この言葉はエシカル協会のスローガンにもなっています。地球上に暮らす私たちの営みは、すべて世界との繋がりの中で成立しており、見えないところまで互いに（人

間だけでなく、自然環境や生きとし生けるものすべて含む）影響を与えています。そういった想像力を持ち、エシカルな選択をしていくことで、どんな人も暮らしを通じて世界の問題を解決する力の一端を担うことができるのです。

途上国の生産現場の現状

そもそも、なぜエシカル消費が必要なのか、さらに掘り下げていきましょう。

洋服の原料となるコットンやコーヒー、紅茶、チョコレートの原料となるカカオなど、私たちが消費する多くのものは途上国で作られています。その生産背景には、労働搾取や児童労働、環境破壊といった深刻な問題が潜んでいるのです。2013年4月に起きたバングラデシュの縫製工場ラナプラザの崩壊事故では、1,100人以上の生産者が犠牲になりました。ここでは主に、先進国の消費者が安いからといって購入するファストファッションの商品が作られていました。私たち消費者が積極的に求める安い商品の裏には、弱い立場にある途上国の生産者の犠牲があるといっても過言ではありません。

例えば、洗剤やお菓子、加工食品などに含まれるパーム油はどんな背景で作られているでしょうか。アブラヤシから生産されるパーム油は、現在世界で最も多く消費されている植物油脂で、日本人は年間で平均約5キログラムを消費していると言われています。アブラヤシ農園は効率的に生産を行うために、主にインドネシアやマレーシアの熱帯雨林を伐採してプランテーション化してきました。そのため、森林減少だけでなく、生物多様性の喪失など環境面への

影響や、その地域に昔から生活している地域住民との土地をめぐる紛争、労働者の権利侵害など、社会面への影響も問題視されてきたのです。

　このように、世界で起きている様々な問題の一因は、企業が先進国の消費者が求める安価なモノを大量に作り続け、生産過程において途上国や自然環境に不経済を外部化しながら、先進国のあり方をクリーンにするという手法を続けてきたことにあります。だとすれば、消費者自身もそういったモノを買い続け、捨て続けてきたことに責任はあると言えるのです。

暮らしの中で私たちにできること

　では、私たちにできることは何でしょうか。

　全員に共通することは、消費者であるということです。毎日何らか消費のために大切なお金を使っています。また、企業にとって消費者の存在は無視できず、消費者が何を求めるかによって、企業の生産のあり方が左右されるはずです。まさに、買い物は投票と同じです。そう考えたとき、私たち消費者が持つ力は絶大であり、同時に責任があります。それぞれが必要な何かを買うとき、「誰が、どこで、どのように作った製品か」を意識することが重要です。次にあるフェアトレードやオーガニックコットン、森林や漁業の認証、原料のパーム油が一定基準を満たすと付けられるRSPOという認証など、ラベル付きの製品を目印にすればわかりやすいでしょう。

国際フェアトレード
認証ラベル

FSC®

MSC
「海のエコラベル」

有機JASマーク

レインフォレスト・アライアンス
認証マーク

RSPO

社会と関わるエンゲージド・エシカル

　企業やスーパーに、「フェアトレードの認証ラベルが付いた商品を置いてくれませんか？」「この製品の生産過程が知りたいです」と掛け合ってみるのも効果があります。エシカル協会主催のエシカル・コンシェルジュ講座の受講生たちが、受講後に起こした行動の第1位は、スーパーに対して「平飼い卵か放牧卵を置いてほしい」と意見を伝えることです。この行動には確実に結果が伴っており、置いてもらえるようになったという報告を受け続けています。毎日の消費行動は、個人的な営みにとどまりません。人や環境や社会、ひいては未来にも影響を与えていることを、一人ひとりが自覚しながら消費生活を営む社会のことを「消費者市民社会」と言います。私たちは日々の暮らしの中で、消費を通じて公正かつ持続可能な社会の形成に積極的に参画することで、地域や社会を変えることがで

きるのです。

　これを、エシカル協会では「エンゲージド・エシカル」と名付けました。これまでの消費や暮らしのあり方を変えていくエシカルな実践からさらに一歩進み、勇気を出して社会との関わりを持ち、変化を促す行動のことです。英語のengagement（エンゲージメント）は、約束や契約、婚約や雇用など、状況によって様々な意味で使われますが、基本的に「深い関わり合いや関係性」を指します。つまり、エンゲージド・エシカルとは、より深く社会と関わる「行動するエシカル」や「社会参画するエシカル」と言えます。

　消費行動だけでなく、法律や制度を作り出す政治との関わりを持ち、社会を変えていく力になることもエンゲージド・エシカルの一つです。例えば、「地元の議員と意見交換をする」「議員たちの環境政策などを調べる」「自分が支持する環境政策を掲げている政治家を選ぶ」などといった行動です。2020年5月、民間団体や市民が集まり、動物福祉の観点から議員へ働きかけたことによって、一度は農林水産省から通達された「豚熱（豚コレラ）などの感染症」に関する省令改正案が撤回された、ということがありました。この一件は、私たちが法律や制度の改正にすら関われるということを示しており、エンゲージド・エシカルの成功事例です。

変わる企業

　企業も消費者のニーズに応えるだけでなく、本業を通じて企業としての責任を果たすために大きく変わり始めています。

　大企業の事例を挙げると、花王株式会社では、2021年8月末に

環境・人権の取り組みをより一段と本格化させることを発表しました。サプライチェーンにおける人権・環境面でのデュー・ディリジェンス（企業などに要求される当然に実施すべき注意義務及び努力のこと）が不十分な取引先をハイリスクサプライヤーと定義し、第三者監査を優先的に実施することに加え、調達ガイドラインの違反がある場合には、取引中止の可能性もあるとのこと。強硬な取引中止だけでなく、NGOと連携したサプライヤーへのトレーニング実施も行っていくことを発表しました。また、同社は製品のプラスチック容器の完全リサイクル化を目指すだけでなく、2021年秋から薬局と提携して、衣料用洗剤や柔軟剤、台所洗剤の詰め替えができる売り場を期間限定ながらスタートさせています。

　イオン株式会社は、「日常の買い物を通じて社会貢献したい」といういたった一人の主婦の声を受け、2004年に業界に先がけてトップバリュから国際フェアトレード認証のコーヒーを販売しました。その後もチョコレートやジャムなどに展開を広げ、消費者のフェアトレード理解と認知向上に努めてきました。2021年9月には新たに国際フェアトレード認証のコーヒー7品目を発売。2030年までにトップバリュ及びイオンのオリジナルブランドで販売するすべてのコーヒーで使用する原料を、持続可能性への裏付けがとれたものに変換するという目標を設定しています。また、第三者認証取得商品の拡大と並行して、生産地の状況に合わせた調達計画を立て、生産者の方々が抱える課題解決の支援を実施しています。消費者と生産者、メーカーを繋ぐ役割を持つ流通小売業が、今後さらに積極的に取り組むことによって、エシカル消費の普及も加速していくことは間違いないでしょう。

学校教育への浸透

　2021年4月に中学校、2022年に高等学校の教科書が改訂されました。すでに中学生は授業の中で、家庭科、社会、国語、英語など教科横断的にエシカル消費について学んでいます。歴史上初めて、小学校の改訂学習指導要領に「（学校は）持続可能な社会の創り手となることができるようにすることが求められる」という前文が追記され、中学校の新学習指導要領では「ESD（持続可能な開発のための教育）の視点」が強調されました。実際に、子どもたちがどのような学びを通してエシカル消費を知り、生きた実践ができるのか、その方法を知りたいという教員が増えています。Z世代と呼ばれる若者たちは特にエシカル消費への関心が高いと言われていますが（P266参照）、それよりさらに若い子どもたちが、当たり前のようにエシカル消費の重要性を学び実践する日がやってきています。私たち大人はこうした若者たちとともに、持続可能な社会をつくっていくために何ができるのかを真剣に考え、今すぐにでも行動に移していかなければいけません。

教育出版『伝え合う言葉　中学国語1年』（令和3年度）

まとめ

　エシカルとは、私たちが生かしてもらっているこの地球の未来や、

暮らしを営むうえで関わりがある社会を、公平で公正なものにするために何ができるのか。それを自分たちで考えていこうという話ではないでしょうか。その意味で、エシカルに生きるとは「人間として、この地球上でどう生きていくのか」を自分自身に問い、行動することと言えるかもしれません。

　長年エシカルな動きを牽引なさってきた東京都公立大学法人理事長で東京大学名誉教授の山本良一先生は、エシカルとは「第二次精神革命」だと語っておられます。それほどダイナミックな変化を起こさなければ、エシカルな世界は実現しないのです。

　山本先生は人類史をこう振り返っていらっしゃいます。そもそも歴史をさかのぼると、過去1万年ほどの間に、人類には、革命と呼ばれるいくつかの大きな変化があったというのです。まず、農耕が始まって都市が発生し、支配階級が生まれました。これを都市革命と言います。貧富の差や社会の矛盾が生じたことで、様々な思想家が登場し、世界の三大宗教が誕生しました。これが「第一次精神革命」だそうです。

　その後、産業革命によって科学や工業が飛躍的に発展。その結果、現在、文明は地球という生命体の限界に達しています。また、山本先生は次のようにおっしゃっています。

「こうなっては今の文明を永続させることは難しい。文明と、地球生命圏とが、互いを巻き込んで崩壊する、そんな危険すらあります。そこで必要になってきたのが第二の精神革命。これがエシカルの動きだと私は考えています。」

（エコプロダクツ2015コラムより）

つまりエシカルとは、地球という豊かな生命圏と、私たちの文明を同時に守っていくために必要な精神性ではないでしょうか。

　その意味では、エシカルの動きは革命であると考えています。

　今、エシカルな世界をつくるために、大衆を率いる革命家は必要ありません。それぞれが変化を促す行動者であり、未来をつくるリーダーだからです。

1人の100歩より、100人の1歩が世界を変える！

参考文献

■末吉里花『エシカル革命：新しい幸せのものさしをたずさえて』山川出版社、2021年

1. 動物の幸せ・人道的扱いを科学的に実現するものであり、動物本来の生態・欲求・行動を尊重すること
2. 元の製品よりも次元・価値の高いモノを生み出すこと
3. 投融資先が地球環境や地域、社会に犠牲を生んでいないかどうか等を配慮している金融のあり方

プロフィール

末吉里花（すえよし・りか）

一般社団法人エシカル協会代表理事／日本ユネスコ国内委員会広報大使

慶應義塾大学総合政策学部卒業。TBS系『世界ふしぎ発見！』のミステリーハンターとして世界各地を旅した経験を持つ。エシカルな暮らし方が幸せのものさしとなる持続可能な社会の実現のため、日本全国でエシカル消費の普及を目指している。2021年から使用される中学1年生の国語の教科書（教育出版）に執筆。著書に『はじめてのエシカル』絵本『じゅんびはいいかい？』『エシカル革命』（いずれも山川出版社）など。東京都消費生活対策審議会委員、日本エシカル推進協議会理事、日本サステナブル・ラベル協会理事、地域循環共生社会連携協会理事、ピープルツリー・アンバサダー、環境省中央環境審議会循環型社会部委員（2021.4～）ほか。

https://ethicaljapan.org

持続可能な世界実現に向けた
政府の取り組み

一般社団法人エシカル協会理事／
株式会社オウルズコンサルティンググループ　プリンシパル　大久保明日奈

　今、世界は持続可能な社会の実現に向けた大きな転換点を迎えています。なんといっても、気候変動は私たちが取り組むべき喫緊の課題です。2021年8月公表のIPCC第1作業部会による第6次報告書では、温暖化は人間の影響によることが断定されました。このように強い表現で気候変動に対する人間活動の影響が言及されることは初めてで、気候変動の深刻さがより明確になりました。その後、11月開催のCOP26を経て、世界の気候変動対策の基準は1.5℃目標に大きくシフトしました。

　気候変動以外にも多くの課題は数多くありますが、その中でもビジネスにおける人権の尊重が大きく注目されています。新疆ウイグル自治区における強制労働の疑いが欧米を中心に取り沙汰された結果、グローバルなビジネスの文脈で人権への対応への注目が集まっているのです。

　本稿では、気候変動とビジネスによる人権への影響という2つの課題にフォーカスし、米中欧、そして日本政府の取り組みの概観を把握していきます。

グリーン成長のリーダーを目指す欧州

　今、気候変動対策で世界をリードしているのはEUです。4月に開催された気候変動サミットの前日、14時間の協議を経て、欧州委員会は「2050年カーボンニュートラル化」の目標を世界で初めて法制化しました。また、2030年までの温室効果ガス（GHG）55%削減（1990年比）という従来の目標を積み増し、2030年までに57%削減とすることにも合意しました。実際に、欧州の気候変動対策は具体性と網羅性の観点で他国を圧倒しています。

　2019年から始まる「欧州グリーンディール」は、現フォン・デア・ライエン政権が最も注力する政策で、気候変動対策と経済成長の二兎を追う7つの政策分野とグリーンディール推進のための仕組みで成り立っています（図1参照）[1]。2019年12月に「欧州グリーンディール行動計画」が発表され、環境を起点とした包括的な成長戦略がつくられました。全体目標を定める「欧州気候法」、グリーンビジネスの分類と投資対象明確化を図る「EUタクソノミー」、「水素戦略」や「サーキュラーエコノミー行動計画」に代表される個別分野の具体的政策で構成されます。グリーンな産業の台頭によって衰退する産業へのセーフティネット「公正な移行メカニズム」も用意されています。

　EUは過去から環境政策に注力していました[2]。2000年から10年間のビジョン「リスボン戦略」では、環境を梃子とした市場形成も中心テーマとなりました。「エコ・イノベーション（Eco-Innovation）」として、新たな雇用創出分野と認識されたエネルギーや環境技術などへの研究開発投資が柱に据えられたのです。後継の「欧州2020」で

図1　欧州グリーンディールの政策分野

安全・安価でクリーンな エネルギーシステム	産業界全体の持続可能な 循環型経済への移行
エネルギー・資源効率が高い 建設と改築	持続可能な スマートモビリティへの転換
持続可能な食品システム 「農場から食卓まで」	生物多様性・エコシステムの保全
有害性のない環境に向けた 汚染ゼロ目標	

▲

欧州グリーンディール推進のための仕組み

| 変革に必要な投資
（サステナブルファイナンス） | 誰も取り残さない
公平な移行メカニズム |

出所：欧州委員会より筆者作成

は、主要目標に「温室効果ガスの排出削減」も含まれ[3]、温室効果ガス削減、再エネ導入、エネルギー効率向上の目標値が設定されました。気候変動に関連する旗艦イニシアティブ「Resource efficient Europe」は、「経済の脱炭素化、再生可能資源の利用拡大、運輸部門の近代化、エネルギー効率の促進を通し、経済成長を資源利用から切り離す助けとする」、いわゆるデカップリングへの注力を掲げました。官民連携による科学的成果からイノベーション創出を目指す「Horizon 2020」の中で、グリーンビジネスの支援もされています。ネガティブエミッション技術の実用性と気候変動対策への貢献度合いの評価を行うNEGEMプロジェクトが良い例です。

　独アゴラ・エナギーヴェンデと英エンバーによる調査によると、2020年にはEU域内で再エネによる発電量が初めて化石燃料を上回りました。2011年までは化石燃料が2倍以上の発電量でしたが、

風力を中心に再エネビジネスが勃興し、逆転しました。政策の後押しもあり脱炭素ビジネスが育ったまさに今、欧州グリーンディールの下、EUはグリーン成長に舵を切ったのです。

安全保障、外交、経済の三兎を追うアメリカ

アメリカは、トランプ政権時のパリ協定離脱に代表されるように、一時は気候変動対策に後ろ向きとされていましたが、2021年に誕生したバイデン政権は気候変動対策に積極的です[4]。パリ協定復帰、2021年の気候変動サミット主催、2050年カーボンニュートラルや2030年のGHG半減の目標設定などにもその姿勢が表れています。

アメリカでは、気候変動は国家安全保障のコアと位置付けられています。1980年代から、気候変動の安全保障への影響が議論されていました。気候変動が与える安全保障への脅威は大きく3つに分かれます。(1)気温や海面の上昇、異常気象が世界中の米軍基地や装備に影響を与える直接的なリスク、(2)気候変動が既にある脅威を加速させる間接的なリスク、(3)各国の気候変動対応で起きる地政学の変化による安全保障上の影響、です。(1)については、2018年にはメキシコ湾岸の空軍基地がハリケーンで壊滅的な被害を受けるなどリスクが顕在化しています。(2)は、国境をめぐり衝突する中国とインドに代表されます。新興大国としてもライバル関係にある中、共有する河川流域で気候変動による水不足や洪水が起きれば、緊張はさらに高まると予測されています。(3)として、海氷が減った北極海での活動や、化石燃料からのエネルギー転換が中東やロシアなどの資源国に与える影響も見過ごせません。これらのリスクに

対応するため、気候変動対策室（Climate Policy Office）を大統領直下のホワイトハウスに開設し、迅速な政策導入を進めています。

　一方で、安全保障への対応をしつつ、その資金や波及効果を外交や経済活性化に繋げようともしています。GHG排出枠の取引や脱炭素技術を途上国に導入することで影響力を強めたり、経済・貿易での交渉の切り札として脱炭素を活用するなど、外交面でしたたかに行動しています。COP26でも、途上国の気候変動対策に毎年30億ドルを拠出することを表明しました[5]。国内向けには経済活性化・雇用促進という名目でグリーン投資を促しており、イノベーションを生み出し、技術面での国内外におけるリーダーシップ獲得も狙っています。しかし実際には、国内での舵取りは難しい状況にあります。2030年目標の達成に不可欠とされる大型歳出法案では、今後10年間で5,550億円ドル（約63億円）[6]に上る気候変動対策が盛り込まれています。再エネ技術などに対する投資を行うグリーン電力プログラムや電気自動車普及促進がその中心です。しかし、与党内から反対が表明されており、2021年12月時点では可決するか不透明です。化石燃料大国であるアメリカが、気候変動対策でリーダーシップを発揮できるか、今後も注視が必要です。

虎視眈々と脱炭素による産業発展を狙う中国

　世界全体のCO_2排出量28%を占める最大の排出国である中国は、2020年9月に「二酸化炭素の排出量を2030年までに減少に転じさせ、2060年までに実質ゼロにする」と表明し、世界を驚かせました。
　今までは経済発展の妨げになるとの理由でGHG削減に躊躇して

いましたが、ここにきて脱炭素に積極的な目標を打ち出しています。その背景にあるのは、これまでの石炭に頼った経済発展ではなく、脱炭素を梃子にした質の高い発展に勝機を見出したからとされています。脱炭素化は、エネルギー分野だけでなく、産業全般にわたるイノベーションの起爆剤となり、投資需要を引き起こします。加えて、GHG削減の取り組みの多くは、深刻さが増す大気汚染の改善にも繋がるものです。さらに、輸入依存度の高い石油と天然ガスが国内で生産されるクリーンエネルギーに代替されることにより、エネルギー安全保障が強化されるなど、中国が抱える課題を解決する鍵になると見込んでいます。

　2021年3月に承認された「国民経済・社会発展第14次五ヵ年計画と2035年までの長期目標要綱」においても、CO_2排出量ピークアウトと脱炭素化にも重点が置かれました[7]。足元の国内の産業構造やエネルギー構造の転換に真正面から取り組む姿勢も見て取れます。脱炭素化戦略の柱として注力するのは、(1) 再生可能エネルギー、(2) 主要分野におけるCO_2排出削減、(3) グリーン低炭素技術などです。再エネについては他国の追随を許さず、2018年実績では国内の太陽光発電と風力発電 (陸上・洋上) の導入容量は世界一でした。また、太陽光パネルの製造量も世界一、さらに風力発電タービンの製造もヨーロッパと肩を並べるようになり、再エネ産業の盤石な基盤を築いています。太陽光パネルの原材料が新疆ウイグル自治区の強制労働に関連しているとの批判もありますが、太陽光発電を拡大しようとする国にとって、中国は避けて通れない存在なのです。また、主要分野におけるCO_2削減の筆頭として新エネルギー車についても注力しており、新車販売台数に占める割合を現行の約5%から約

20％に引き上げる計画です。世界最先端のAI（人工知能）やビッグデータなどの技術も活用し、エネルギー、交通システム、情報通信分野などと新エネ車の連携なども計画しており、自動運転など、自動車のさらなるデジタル化を進める方針です。中国にとって脱炭素化は新たな成長分野であり、政府が産業育成を積極的に後押ししているのです。

持続可能な世界に向けたもう一つの重要アジェンダ「ビジネスと人権」

　気候変動に係る政府の取り組みをご紹介しましたが、ここからは人権に関わる政府の動向を見ていきましょう。現在、世界的に注目されているのは、ビジネスにおける人権への対応です。

　多国籍企業などによる人権侵害の問題については1980年代頃から国連で議論されていましたが、いかにルール化するかについては長い間コンセンサスが得られないままでした。そのような中、2011年に国連で採択されたのが「ビジネスと人権に関する指導原則」（指導原則）です。指導原則自体に法的な拘束力はありませんが、同原則の考え方はISO26000（社会的責任の手引き）やOECD多国籍企業行動指針などの国際ルールや、各国の人権デューディリジェンス関連法に反映されており、実質的に非常に高い影響力を持っています。

　指導原則は、（a）人権を保護する国家の義務、（b）人権を尊重する企業の責任、（c）救済へのアクセスの3つを柱として、あらゆる国家及び企業に、その規模、業種、所在地、所有者、組織構造に関わらず、人権の保護・尊重を促しています。指導原則では、企業が

直接的に引き起こしている人権への負の影響に加えて、間接的に助
長している、あるいは事業・製品・サービスと結びつくことで関与
している人権侵害についても対応を求めています。グローバルに展
開するビジネスに関係が深いのが、間接的に助長している人権侵害
です。昨今、国境を越えてサプライヤーと取引することは珍しくあ
りません。例えば、発注元のブランドがコストと納期に対して厳し
い要求をした場合、途上国のサプライヤーは工場で働く労働者に過
剰な長時間労働を強いることがあるかもしれません。このように、
自社で直接的に人権侵害をしているわけではない場合であっても、
企業の責任が求められるのです。企業が引き起こし得る人権リスク
を把握し、是正措置やモニタリングを行うことを指導原則では求め
ています。この一連のプロセスは、人権デュー・ディリジェンスと
呼ばれます。

　欧米では、人権デュー・ディリジェンスを義務化する法令が施行

国連ビジネスと人権に関する指導原則の3つの柱

人権を保護する国家の義務

人権を尊重する企業の責任

救済へのアクセス

あらゆる企業に適用
規模・業種・事業状況・所有形態・
組織形態に関わらず全企業に適用

出所：国連ビジネスと人権に関する指導原則より
株式会社オウルズコンサルティンググループ作成

されています。米カリフォルニア州サプライチェーン透明化法 (2012年施行)、英国現代奴隷法 (2015年施行)、フランス人権デューデリジェンス法 (2017年制定)、オーストラリア現代奴隷法 (2019年施行)、オランダ児童労働デューデリジェンス法 (2022年施行予定)、カナダ現代奴隷法 (審議中)、ドイツサプライチェーン法 (2023年施行予定) などです。さらに直近ではEU全体として人権デュー・ディリジェンスを義務化する法令も審議されています。また、アメリカ政府は新疆ウイグル自治区での強制労働の懸念から、同地域で生産される綿花やトマト製品など複数の品目について輸入禁止令を出すなど、欧米を中心として、ビジネスと人権への政府の関心は高まっています。環境問題だけでなく、人権の尊重も持続可能な世界の実現においては不可欠だというのが国際社会の認識であり、ビジネスと人権をめぐる政府の動向はそれを反映したものといえます。

持続可能な世界に向けた日本政府の取り組みと今後への期待

　では、日本政府は気候変動とビジネスと人権に関連してどのような取り組みを行っているのでしょうか。

　気候変動については、2020年と2021年に、2050年カーボンニュートラル、2030年のGHG46%削減 (2013年比) を宣言しました。また、地球温暖化対策推進法では、2050年カーボンニュートラルが基本理念に位置付けられ、政府、事業者で連携して対策を進めることが明記されました。また、グリーン成長戦略ではグリーンイノベーション基金の創設、投資促進税制、金融市場のルールづくりを通じた革新的技術へのファイナンスの呼び込み、規制改革・標準化

による需要拡大と価格低減などが盛り込まれました。

　しかし、日本は石炭火力発電への対応という難しい課題があります。COP26では、GHGの排出削減対策がとられていない石炭火力発電所の廃止を盛り込んだ声明が出され、欧州各国など40カ国あまりが賛同したものの、日本は手を挙げませんでした。また、温暖化対策に消極的だったとして、環境NGOから化石賞を贈られています[8]。2019年時点では石炭火力は電源構成の32%を占めており、2030年目標では19%までに下げることが目指されています。しかし筋道は未だ明確でなく、具体的な実現の方法が待たれています。

　ビジネスと人権については、2020年にビジネスと人権に関する国別行動計画（NAP）が公表されました[9]。欧米が先行する中、タイに次いで24番目の策定でした。NAPは、日本企業に対して人権デュー・ディリジェンスの実施等を求めたこと、施策毎に担当省庁が示されたことなどで意義はあると言えます。しかし、既存施策の継続が大半で新規施策の十分な検討がなされていない、ギャップ分析が十分になされていないなどの課題も残ります。まさに今、グローバルに展開する企業を中心に、ビジネスと人権への対応は待ったなしの状況となっています。日本企業の人権対応を後押しするための日本政府の支援が期待されています。

　米中欧の政府の取り組みは、経済成長を意識した部分も多く、完璧とは言えない部分もあります。それでも、政府がリーダーシップを取り、今までの社会のあり方を変えようとする意志を感じます。日本においても、未来を見据えた政府の取り組みが待たれているのではないでしょうか。

1. European Commission,"A European Green Deal": https://ec.europa.eu/info/strategy/priorities-2019-2024/european-green-deal_en (最終アクセス 2022/03/01)

2. European Committee of the Regions," The Lisbon Strategy in short":https://portal.cor.europa.eu/europe2020/Profiles/Pages/TheLisbonStrategyinshort.aspx（最終アクセス 2022/03/01）

3. European Commission,"Europe 2020":https://ec.europa.eu/eu2020/pdf/COMPLET%20EN%20BARROSO%20%20%20007%20-%20Europe%202020%20-%20EN%20version.pdf（最終アクセス 2022/03/01）

4. THE WHITE HOUSE, "FACT SHEET: President Biden Takes Executive Actions to Tackle the Climate Crisis at Home and Abroad, Create Jobs, and Restore Scientific Integrity Across Federal Government": https://www.whitehouse.gov/briefing-room/statements-releases/2021/01/27/fact-sheet-president-biden-takes-executive-actions-to-tackle-the-climate-crisis-at-home-and-abroad-create-jobs-and-restore-scientific-integrity-across-federal-government/（最終アクセス 2022/03/01）

5. THE WHITE HOUSE, "FACT SHEET: President Biden Renews U.S. Leadership on World Stage at U.N. Climate Conference (COP26)":https://www.whitehouse.gov/briefing-room/statements-releases/2021/11/01/fact-sheet-president-biden-renews-u-s-leadership-on-world-stage-at-u-n-climate-conference-cop26/#:~:text=The%20President%20will%20work%20with,vulnerable%20to%20climate%20change%20worldwide（最終アクセス 2022/03/01）

6. 日本経済新聞「米、気候変動対策に 10 年で 60 兆円　目標達成へ課題残す」: https://www.nikkei.com/article/DGXZQOGN291IN0Z21C21A0000000/（最終アクセス 2022/03/01）

7. 関志雄「始動する中国における第 14 次五ヵ年計画―「質の高い発展」を目指して ―」経済産業研究所：https://www.rieti.go.jp/users/china-tr/jp/210415kaikaku.html（最終アクセス 2022/03/01）

8. WWF JAPAN「【COP26】日本が化石賞を受賞しました」: https://www.wwf.or.jp/staffblog/activity/4734.html（最終アクセス 2022/03/01）

9. 外務省「「ビジネスと人権」に関する行動計画 (2020－2025) の策定について」: https://www.mofa.go.jp/mofaj/press/release/press4_008862.html（最終アクセス 2022/03/01）

プロフィール
大久保明日奈 （おおくぼ・あすな）
一般社団法人エシカル協会理事／株式会社オウルズコンサルティンググループ プリンシパル
金融機関、IT アドバイザリーファーム、デロイト トーマツ コンサルティング合同会社を経て現職。慶應義塾大学経済学部卒業。英国ユニバーシティカレッジロンドン (UCL) 都市開発経済学修士課程修了(MSc in Urban Economic Development with Distinction)。事業戦略立案に加え、サステナビリティ分野やルール形成を中心とするコンサルティング、官公庁向けの政策提言など多くのプロジェクトに従事。NPO/NGO の事業戦略立案・組織設計にも精通。SDGs や人権に関する寄稿やインタビューに加え、官公庁や民間企業等における講演実績多数。労働・人権分野の国際規格「SA8000」基礎監査人コース修了。

▶ エシカルな教育とは?
ESDを通した足元からの革命

聖心女子大学現代教養学部教育学科教授／
聖心グローバル共生研究所副所長　　永田佳之

「一番大切なことは単に生きるそのことではなくて、

　善く生きることである。」[1]

（ソクラテス〈前470〜399〉『クリトン』より）

　今から2400年以上も前にソクラテスが残したと言われるこの言葉は「エシカル」について考えるときに、このうえなく大切な一文です。エシカルなライフスタイルとはまさに「善く生きる」ことに他ならないからです。

　本稿で扱うテーマは教育です。人間が「善く生きる」ためには教育が不可欠であることは言うまでもありません。私たちが独り立ちし、社会の中で生きていけるようになるまでの過程において教育は大きな役割を担っています。

　では、それはどんな教育でしょう。私たち一人ひとりが倫理的（エシカル）に生きるようになり、持続可能な未来をもたらす教育があるとすれば、それはどのような特徴をもつ教育なのでしょう。

　過去を振り返りみると、戦争や環境破壊には教育が加担しており、人類は教育を通して発展してきた一方で、戦争で多くの人々を傷つけ、乱開発で自然を破壊してきたと言っても過言ではありません。私たちが生きる現代社会では、こうした度を越した開発が気候変動

やパンデミックを引き起こし、それらが人間に反省を求めている
……そんなふうにも思えるのです。

　ここで留意したいことがあります。それは、エシカルに生きると
いうことは、人間にとって都合よく生きればよい、というわけでは
ないということです。私たちは、特に都会で暮らしていると、つい
この世の中は人間が作ったものだけで成り立っているかのごとく思
い込んでしまうことがあります。しかし、よくよく考えてみると、
水をはじめ、食べ物もエネルギーも自然界からの恵みであり、自然
の豊かさが守られてこそ私たちは善く生きられると言えましょう。

　もちろん、善く生きようとするとき、自分だけでなく周囲の他者
にとっても善く生きていくことが求められますが、それだけでなく、
人間も含めたありとあらゆる〈いのち〉にとってもそうなのです。

ESD（持続可能な開発のための教育）とは

　話を教育に戻します。

　人間にとっても、そしてあらゆる生きとし生けるものにとっても、
よい教育とはどんな教育なのでしょうか。先ほど触れたように、人
間はこれまで傍若無人に振る舞い、人間を含めた地球の〈いのち〉
を傷つけ、破壊してきました。これでは「善く生きる」とはほど遠
いありさまです。現在では、気候危機という言葉に象徴されるよう
に、より善く生きなければ、人類が寄って立つ地球もろとも持続で
きないという問題意識が共有されています。

　つまり、現代において「善く生きる」ための教育とは、新たな倫
理観が求められる教育であり、その倫理観は地球規模の課題を意識

した倫理観でなくてはならないのです。おそらくソクラテスはそうしたスケールで考えていなかったかもしれませんが、地球全体が危機に瀕している今、私たちには新たな価値観や世界観、言い換えるなら、新しいものの見方や捉え方、そして学び方が必要とされているのです。

　これから紹介するESDはこうした課題に国境を越えて取り組む教育です。新たなものの見方や捉え方を育もうとする価値志向（values-driven）の教育であり、まさにエシカルな暮らし方・生き方の基盤となる学びだと言えます。ただし、その価値観は常に地球の持続可能性を視野に入れているという点において他の倫理教育や道徳教育とは異なると言えましょう。

　ESDが誕生したのは1992年の「地球サミット（国連環境開発会議）」でした。国際政治学者の坂本義和の表現を借りれば、当時は「問題の地球性と問題意識の地球化」[2]が国際的に議論されるようになった時代です。酸性雨やオゾン層破壊など、日常で直面する問題が国境を越え、誰もが環境問題を意識するようになった時代の始まりでした。

　たしかに、それまでも環境教育が各国で展開されていましたが、環境のみならず社会や経済、さらに文化までも統合的に検討していかないと真の解決には至らないという認識のもとに、これらの領域をホリスティック（包括的）に捉える「持続可能な開発」や「持続可能性」という概念が広く共有されるようになったのも「地球サミット」以後の時代です。

　その後、2002年に南アフリカ共和国で開催されたヨハネスブルグ・サミット（持続可能な開発に関する世界首脳会議）での日本の提案

に基づき、「国連持続可能な開発のための教育の10年」が国連で採択され、2005年からの10年間、ユネスコを主導機関としてESDを推進していくことになりました。さらに議論ばかりでなく実際のアクションを起こしていこうという機運が高まり、2015年からの5年間、グローバル・アクション・プログラムが実施されました。現在では2019年暮れの国連総会で決議された「持続可能な開発のための教育：SDGs達成に向けて（ESD for 2030）」という国際的な枠組みにおいてESDはSDGsを実現するための教育として見なされています。

ESDを実践しよう！

　ここまで「問題の地球性と問題意識の地球化」に対応した国際的な教育運動の歴史を簡単に振り返りましたが、ここからは肝心な教育の内容について述べます。

　皆さんは「地球規模課題を解決する、もしくは持続可能な未来をもたらす教育はどんな教育ですか？」と聞かれたら、どのように答えるでしょうか。

　ESDの場合は、次のような応答になります。

　ビジョン：持続可能な未来を創造する
　目　　標：持続可能な未来に向けて価値観・行動・ライフスタイル
　　　　　　を教育を通して変えていく
　方　　法：学習者が〈自分ごと〉として地球規模課題を捉え、問題
　　　　　　解決に取り組むための多様な学習アプローチを活かす

内　　容：地域（ローカル）や各国で共通に見られる地球規模（グローバル）の課題に取り組む

　上記はいずれも重要であり、当然といえば当然と思われる方もいるかもしれませんが、なぜ国際的な運動が必要だったかというと、おしなべてこうした教育がこれまで行われてこなかったということです。もっと新しく、もっと多く、もっと速く、もっと効率的に……というような経済成長を促す価値観が特に学校教育を通して培われ、その結果、産業革命以後の近代化の中で大量生産・大量消費・大量廃棄や過度な競争が繰り返され、そのツケが現在、私たちが直面する気候変動などの地球規模の諸問題です。

　ESDのさらなる特徴として挙げられるのは、ホリスティックに実践を展開していくことです。つまり、学校の場合、教室で持続可能な未来に向けた価値観や行動を教えるのであれば、それを学校全体で、そして地域でも実際に展開する「ホールスクール・アプローチ」という手法をとります。私はこれを「学校まるごとESD」とか「地域まるごとESD」と呼んできました。世界的に掲げられているモットーは「教室で教えていることをまず学校で実践しよう！」です。

　ESDは、学校、地域、会社などの組織を問わず、施設（ハード）や活動（ソフト）のどこを切り取っても持続可能性への配慮（ケア）が見えてくるような共同体になることが目指される教育です。そこでは、校舎・校庭の建材・素材、設備から給食の食材やゴミ、電気などのエネルギー等々、みずからの生活の成り立ち全般について大人も子どもも心得ており、さらに皆がよりよく暮らすための意思決定に参加できるような運営が求められます。そのようにして生まれるのが、誰もが持続可能な未来に貢献しているという実感を持ててい

るような共同体なのです（詳しくは『新たな時代のESD』を参照）。言い換えるなら、その共同体の大人は完璧ではなくても次世代に説いていることをみずから実践しているということです。

　なお、上記に「ケア」が大切であると書きましたが、そのケアは身近な他者へのケアや地域の自然へのケアのみならず、異国の遠い他者、遠い未来の他者（先祖）、地球そして自分自身へのケアであることも強調しておきたいと思います。

　こうした共同体では、たしかに「授業」は学び全般の中心ではあるものの、学習機会の一部と見なされます（図1参照）。学校での学びはこれまで教室に閉じ込められて展開される傾向がありました。ホールスクール・アプローチは教室で習得した知識や価値観を学校全体や地域で活用し、学びをよりレリバントに、つまり学び手の実感としてよりしっくりくるように変えていく手法でもあります。

図1：学校を構成する諸々の要素

　といっても、決して授業を軽視しているわけではなく、ホールスクール・アプローチは教室で教えられる持続可能性についての価値

観を具現化するための手法です。したがって、学校でもし教室で教えられていることが校内で実践されていなかったら、生徒たちは持続可能な未来の創り手として改善するように働きかけてしかるべきなのです。「このままだと私たちの未来はおぼつかない！」と。

ESDの優良実践
^{グッド・プラクティス}

前述のような「学校まるごとESD」を実践するのにしばしば用いられるのは、PBL（Project-based Learning）と呼ばれるプロジェクト方式の学びです。実際に、人間にとっても地球にとっても私たちが「善く生きる」ことができるようになるためのプロジェクトが積極的に展開されている学校があります。

その一つ、筆者が国際審査委員として5年間ほど携わってきたユネスコ／日本ESD賞の選考を通して出会った最も優れた事例の一つを紹介しましょう。イギリスの公立校アシュレイ小学校です。

この学校の実践は実にダイナミックかつユニークです。校長みずから二度にわたり南極を訪れ、気候変動の実際を目の当たりにしたのを契機に自身の足元から、すなわち学校の食やエネルギー、ゴミ等々の生活のあらゆる要素をサステナブルに変えていったのです。長年にわたりこの学校の校長を務めたリチャード・ダン先生はこの変革を「サステナビリティ革命」と呼んでおり、「革命」の主は生徒たち自身だと言います。

興味深いことに、アシュレイ小学校にはその実践を支えている原理、すなわち「拠り所」があり、それは英国のチャールズ皇太子の唱える「ハーモニー原則」です。この原則を、あえて簡潔に言うなら、

アシュレイ小学校訪問のチャールズ皇太子（上）と校内
エネルギー量を計測するエコドライバーとダン校長（下）

自然界に見出される共通の特徴です。

　例えば、森の中には、実に様々な動植物が息づいています。倒れた老木が土となり、次の木の芽を育むように世代を超えた命のめぐり合わせがあります。しかも、木の実を食べる鳥が排泄時にその種を他の地に落とし、そこでまた木の子孫が芽生えるように、動物も植物も〈お互いさま〉の関係で生きているのです。もちろん、そこにはみずからの命を脅かす「敵」も存在し、命のバトンを繋ぐためにあらゆる状況にみずからを合わせて生き延びています。このように、動植物は元気に活動し続け、森は生命を維持する基盤となって

いると言えます。そして、これらの営みは、すべて広大な森、いや自然界の中での一連の営みの中にあり、連綿と永劫に紡がれているのです。

ここに、「多様性」「循環」「相互依存」「適応」などの諸原則を見出すことができます。これこそが持続可能な未来に基盤をもたらす原則として人間社会も学ぶべきである、とダン先生は説きます。

残念ながら、現代社会の営みはこうした自然の営み通りにいっているとは言いがたい現状にあります。大量生産・大量消費・大量廃棄を繰り返し、毎日、地球に過度な負荷をかけながら私たちは生活しています、一方、自然界には「ごみ」は存在しません。それほどに循環や相互依存がバランスよく保たれた世界なのです。

アシュレイ小学校は、まさにそうした自然界の仕組みから学び、学校生活に革命を起こしてきました。具体的には、給食は、学校菜園で無農薬で作られた野菜の料理が提供されます。また、エネルギーは校舎に取り付けられた太陽光発電でまかない、どのくらいの電気を学校で作り、使い、蓄えているのかを、毎日、子どもたちが計測しています。さらに、「より少なく消費し、より賢く消費する！(Consume less, consume better!)」という指針のもとに、紙などの資源の消費は極力抑える努力がなされています。

遠足や修学旅行でもエシカルで深まりのある学びが展開されています。最終学年ではフランスのシャモニーに旅をし、当地でとけて消えつつある氷河を観察し、地元の小学生と持続可能性について話し合います。

アシュレイ小学校の子どもたちは持続可能な未来は自分たちの手で創れるという実感をもっており、それを足元から実現する手立て

も心得ています。そして何よりも大切なことですが、プロジェクトを通して小さな成功体験をたくさん積んだ若者は、たとえ厳しい状況に置かれようとも、この世界は希望をもって生きるに値するんだという感性を抱いて巣立っていくということです。ユネスコなどの国際機関はそうした若者を「持続可能な未来の創り手」と呼んでいます。

　アシュレイ小学校は海外の事例ですが、そのESD実践は日本の教育にも勇気を与えてくれます。「持続可能な社会」や「持続可能性」というと、とても難しい課題のように思えますが、アシュレイ小学校が示しているのは、暮らしの中に調和（ハーモニー）をもたらすというとてもシンプルな実践です。まさに教室で習うモデルにアシュレイ小学校の子どもたちは教室の一歩外に出た瞬間に衣食住の持続可能性を目の当たりにしています。足元からの「革命」は本気になれば、誰でも取り組めるチャレンジなのです。

　最後に、冒頭に続いて古代ギリシャの哲学者に登場してもらいます。プラトンの弟子、アリストテレスは次のように述べています。

「ひとは建築することによって大工となり、
　琴を弾ずることによって琴弾きとなる。」[3]

（アリストテレス〈前384-322〉『ニコマコス倫理学』より）

　たしかに、ひとは丁寧に振る舞うことで丁寧な人になり、大胆に行動することで大胆な人になり、正しく生きることで正しい人になり、そしてエシカルに歩むことでエシカルな人となるのでしょう。この哲学者の言葉はエシカルな行為を学校などの日常生活で実践す

る重要性を諭_{さと}していると言えましょう。

　気候変動などによる環境破壊が進み、たとえ今よりも厳しい情勢になろうとも、こうした日々の体験が積まれているのであれば、その人の中に希望は紡がれ、周囲の人々にも伝播していくのだと思います。持続可能なコミュニティの基盤づくりに教育が重要な所以_{ゆえん}はここにあります。

参考文献
- 永田佳之編著『気候変動の時代を生きる：持続可能な未来へ導く教育フロンティア』山川出版社、2019年
- 永田佳之・曽我幸代『新たな時代のESD　サスティナブルな学校を創ろう：世界のホールスクールから学ぶ』明石書店、2017年
- リチャード・ダン『ハーモニーの教育：ポスト・コロナ時代における世界の新たな見方と学び方』永田佳之監訳、山川出版社、2020年
- 永田佳之研究室「学び!とESD」日本文教出版：https://www.nichibun-g.co.jp/data/web-magazine/manabito/esd/（最終アクセス2022/02/14）

1.　プラトン『ソクラテスの弁明・クリトン』久保勉訳、岩波書店、1964年
2.　坂本義和『地球時代の国際政治』岩波書店、1990年
3.　アリストテレス『ニコマコス倫理学』高田三郎訳、岩波書店、1971年

プロフィール
永田佳之（ながた・よしゆき）
聖心女子大学現代教養学部教育学科教授／聖心グローバル共生研究所副所長
国際基督教大学大学院教育学研究科博士後期課程修了、博士（教育学）。「国連ESDの10年」モニタリング評価専門家委員会委員、学校法人アジア学院評議員、フリースペースたまりば理事、ユネスコ／日本ESD賞国際審査委員会委員などを歴任。主な編著書に『変容する世界と日本のオルタナティブ教育：生を優先する多様性の方へ』（世織書房）、『気候変動の時代を生きる：持続可能な未来へ導く教育フロンティア』『ハーモニーの教育：ポスト・コロナ時代における世界の新たな見方と学び方』（共に山川出版社）など。

地球を分け合う動物たちに配慮する
2つの方法

認定 NPO 法人アニマルライツセンター 代表理事／
一般社団法人日本エシカル推進協議会 理事　　岡田千尋

　大ちゃんと福ちゃんは肉用鶏（ブロイラー）の女の子。2羽は養鶏場から保護されたその日に出会い、それ以来親友になりました。お互い羽づくりし合い、くっついて砂浴びをします。福ちゃんは好奇心旺盛で、初めての場所でも探索に余念がなく、抱っこされるのも大好き。一方の大ちゃんは警戒心が強く、知らない場所には絶対に出ていかない子です。2羽はいつも寄り添って過ごしていました。でも、それはたったの1カ月だけのこと。ブロイラーは50日で屠畜されますが、もし殺されなくても数週間で多くが死んでしまうほど激しい品種改変をされています。保護されてから1カ月後、福ちゃんは心不全で亡くなりました。一緒に暮らしていた親友が亡くなれば鶏も私たちと同じように落ち込みます。そして私たちが見てきた鶏の多くは、次の親友を作ることはしません。私たちの家族や親友の代わりがいないのと同じように、大ちゃんにとって、福ちゃんの代わりはいないのです。生き残った大ちゃんは、里親のもとで他の鶏や猫と新たな関係を築きました。でも、夏になると腹に異常な熱を帯び今も苦しみ続けています。

　生命倫理を超えた効率化のための品種改変がなされている鶏肉、果たしてエシカルなのでしょうか。

畜産動物のアニマルウェルフェア

哺乳類の60％、鳥類の70％を占めるのは畜産動物。鶏、豚、牛だけでも804億頭、日本でも約10億頭の畜産動物が毎年利用され、殺されています。彼らを利用する人間が果たすべき最低限の倫理的責任、それは高いアニマルウェルフェア（以下、AW）を実現することです。

AWとは動物が生きて死ぬ、身体的、及び心理的状態をいい、5つの自由（下記参照）のすべてが満たされているときに、高いAWを享受できるとされています。動物行動学、生理学、生態学などの科学的根拠をもとに適正飼育の方法が定義されます。

動物の適正な扱いの基本原則「5つの自由」
1. 飢餓と乾きからの自由
2. 苦痛、傷害または疾病からの自由
3. 恐怖及び苦悩からの自由
4. 暑さや臭いなどの不快さからの自由
5. 正常な行動ができる自由
+6. 喜びなどポジティブな体験ができる自由

例えば、27時間絶食したメス鶏に餌か巣箱かを選ばせると、巣箱を選びます。これは、捕食される側の動物である鶏にとって、産卵中の動けなくなる時間は、隠れたいという欲求が食欲よりも強くなることを示しています。動物たちは、本来持つ習性、欲求に反した環境に置かれると、ストレスを感じ、心身ともに苦しみます。畜産動物に限らず、すべての飼育下の動物の生き方、そして死に方ま

とまり木に止まる平飼い飼育の鶏

で配慮しようというのが今の世界の流れです。

　近年では、世界中の企業が畜産物や水産物の調達基準、動物実験や動物性衣類素材を避けることなどを記載したAWポリシーを、市民や投資家向けにサイトに公開しています。国内企業でも一部大手がAWポリシーを公開し始めたところです。

採卵鶏はケージフリーへ

　日本では卵用の鶏の99％は狭いケージで飼育されています。ケージに入れられた鶏は1〜2年でぼろぼろになります。骨がもろいため、羽や足をケージに挟まれ骨折を繰り返します。立てなくなれば餓死し、ケージに挟まったまま衰弱死することもあります。毎日1〜2回従業員が死体や弱った個体を回収して回りますが、一棟の鶏舎には数万の鶏が詰め込まれているために見逃され、仲間の目

の前で腐っていくこともあります。身動きがとれない動物は観察がしづらいのです。一方で平飼い（ケージフリー）鶏舎の従業員は「鶏たちが動き回るので健康状態を観察しやすい」と話しています。ほぼ身動きが取れないケージであるバタリーケージは、平飼いよりも死亡率が高く[1]、サルモネラ菌が繁殖しやすい[2]ことがわかっています。ケージは動物を飼育する入れ物ではない、これが世界の決断なのです。

　EUでは2012年にすでにバタリーケージは禁止され、2027年までにすべての畜産動物のケージ飼育が禁止される予定です。カルフォルニア州など7つの州では、今後その州内でケージ飼育の卵の売買が禁止されます。南米やアジアを含め、世界中の企業2,200社以上がケージフリー宣言をしています。これは、今すぐではなく、2025年などの期限までに調達する卵をすべて平飼いに切り替えることを、消費者に約束すること。この宣言を公開することによって、

国内の採卵養鶏場のバタリーケージ飼育

生産者に移行の猶予期間を与えることができ、生産者とともに穏やかにケージフリー飼育に移行するシステムとして機能しています。日本でも149社[3]がケージフリー宣言をしており、その数は2020年から急増しました。

　すでに国内でも平飼い卵の需要は増加しつつあり、それにつれて、大規模な平飼い鶏舎も複数稼働を始めています。消費者と企業が将来目指す姿を明確にすれば、良いものに切り替えていくことができるのです。

肉用鶏はベターチキン、豚はストールフリーへ

　日本の肉用鶏の飼育は明確に他国よりも劣悪です。農林水産省が示す密飼いの参考値は54キログラム/平米（3キログラムの鶏が18羽1平米にいる状態）ですが、実際日本の養鶏場の多くはそれよりも過密な状態で飼育しています。この数値は国際的に見て異常であり、ブラジルの平均的な飼育密度の1.8倍、タイ最大手食品企業とEU法の1.7倍過密な状態になっています。肉用鶏のAWの実現方法として、AWに配慮した基準「ベターチキンコミットメント」があります。とまり木をつけ、自然光を入れ、飼育密度を下げ、品種を改善し、ガスで気絶させてから屠畜するといった内容で、すでに欧米のファストフード店など500社以上[4]が、2026年までに切り替えることを約束しています。国産の鶏肉の薬剤耐性菌保有率が外国産の鶏肉よりも高いことが、厚生労働省の調査[5]で明らかになっているにも関わらず、日本は改善が進んでいません。それでもできることはあります。日本には基準が明確な地鶏（銘柄鶏ではない）があり、この

過密飼育される国内の肉用鶏

取り扱いを増やすことは重要な一歩になるでしょう。

　その他、豚は妊娠ストールという拘束飼育をやめることが世界の食肉企業のスタンダードになっており、日本がこれを実現しなくては国際競争の中で負けてしまうでしょう。また乳牛については、旧式の飼育方法であるつなぎ飼いをなくしていくことが必要です。

アニマルウェルフェアが進む理由

　世界では、動物たちをあまりにも苦しめていることに多くの人が気づいたことが最大の原動力となりました。しかし、その他にも理由があります。

　動物を詰め込みすぎれば、運動もできず、不衛生になり、病気や皮膚の炎症などが悪化します。通常の3倍の速さで急激に成長させられる肉用鶏などは様々な疾病を抱えており、動物自身の免疫力が大変低い状態です。ワクチンと抗菌剤に頼らざるを得ない畜産は、

抗菌剤が効かない菌により人々の命が脅かされる薬剤耐性菌の問題と関わりが深くなります。2050 年には薬剤耐性菌による死亡者数が、癌の死亡者数を超えると予測されるほど大きなリスクです。抗菌剤の 3 分の 2 が畜産・水産業に使われているにも関わらず、対策は遅れています。2018 年の EU 決議では、AW が低ければ病気の罹患率が上がり、AW に配慮された飼育自体が病気の予防効果を持ち抗菌剤を減らすと強調されました。

　ウイルスも同様で、超過密で、免疫力が低く、遺伝的に同一の動物が無数に閉じ込められている集約的畜産場は、ウイルスの増殖と変異の温床になります。これまでもニパウイルスや豚インフルエンザなどで感染爆発を起こしています。新型コロナウイルス感染症（COVID-19）を含め、新興感染症の 75 ％が人獣共通感染症であり、今後も、いつどのウイルスが変異し、人の命を脅かすかは予測がつきません。国連環境計画と国際家畜研究所は 2020 年に「次のパンデミックを予防せよ―人獣共通感染症の感染経路を断つために」というレポートを出し、その中で人獣共通感染症の主要な人為的要因の一つに「動物性タンパク質の需要の高まり」とそれに伴う「持続不可能な集約畜産」を挙げました。また、これまでの人獣共通感染症のほとんどが野生種ではなく、家畜化された動物種が発端となっていることも報告しています。

　人の健康、社会の未来のためにも、集約的畜産はリスクが高く、これは動物を大量生産・大量消費することによって生まれたリスクなのです。

畜産を取り巻く課題

　集約的畜産による大量生産・大量消費は、SDGsの目標2、3、6、12、13、15、16に深く関係し、持続可能性も脅かしています。

　IPCC報告書の著者の一人であるPaulo ArtaxoNetoは「熱帯の森林破壊を減らすよりも、安く、簡単で、速く、CO_2排出量を削減する方法は他にはない」[6]と述べていますが、その熱帯雨林は肉や卵を食べたいという欲求のために破壊が続いています。

　世界銀行によると、アマゾン熱帯雨林の破壊の原因の91％は畜産業です。価値ある木材を切り出した後、火を放ち、牧草を育て、牛を放牧し、土地が劣化したら第三者に土地を売り、飼料用の大豆や小麦生産に使うというのが一般的です。アマゾン熱帯雨林は、森林の被覆がさらに3～8％失われると、森林から劣化したサバンナに転換する可能性があるとも予測されています。その下流にあるセラードやグランチャコも同様に、主に飼料生産のための開発が続いていますが、セラードでは2040年までに39％の農地が利用できなくなる[7]とも予測されています。これらからわかることは、現在の飼料の量、つまり畜産動物の数を維持し続けるためには、常に新たな自然を破壊し農地を開発し続ける必要があるということです。

　畜産は、大量の水と農作物を少量の肉や卵や乳に変えます。実際、世界の農地の75～80％が畜産業のために使われているにも関わらず、畜産物から人間が得ているカロリーは18％にすぎません。畜産起源の温室効果ガスも14.5％あり、現在の集約的畜産は持続不可能なものと言えます。

地球を分け合う動物たちに配慮する2つの方法

　動物の犠牲は私たちの生活に入り込んでいます。そのため、解決は困難に見えますが、解決方法は、畜産物の大幅な削減と高いAWの実現のたったの2つです。

　地球環境がどうなるのであれ、高いAWを実現することは必須です。動物の問題は後回しにされがちですが、一方で、動物の現状は想像以上に悲惨で、市民の心を強く揺さぶり、現状を知れば80％の市民が、企業に動物の状況を改善してほしいと答えるのです。その悲惨さを改善する方法がすでに欧米を中心に実践され、アジアでも進んでいることを考えると、国内でも対応しないリスクは大きいと言えます。世界は、20世紀に拡大した現代の集約的畜産を離れ、放牧や自然に近い畜産に移行し始めているのです。

　私たちと同じ知覚を持つ動物たちを利用するのだから、「良いものを、少量」に切り替える必要があります。

　消費量を減らすことに抵抗を示す人は多いと思いますが、ただ好きなものを好きなだけ食べてきたことにより、動物たちの苦しみも持続不可能な社会も生み出されたという結果を直視し、より良いライフスタイルに転換しなくてはならないでしょう。人間にはチキンが必要なのではなくタンパク質が必要なのです。大豆などの植物性ミートや培養肉は数々開発されており、植物性でこれまでと変わらない、またはこれまで以上に美味しく、健康で、エシカルな食を手に入れることができるようになってきました。それは食に限らず、例えばリンゴや穀物から作られたレザーなど、新たなイノベーションが生まれています。利益ではなく倫理を優先することが、次の利

益を生む時代になっています。

　私たちはすでに、AWを向上させる方法も、畜産物を減らす方法も手に入れ、その方法はどんどん進化しています。あとは実践するかどうかだけ。実践にあたっては、まずは将来、動物たちがどのような状態であるべきかを考えてみてください。2030年、世界が鶏をケージで飼育するのをやめているのに、日本だけケージの中に閉じ込め苦しめ続けていていいのか考え、そして、そのゴールに向けて行動計画を立てるバックキャスティングの考えを取り入れましょう。その方法は、自分の生活を変えるという方法かもしれないし、企業や政治家に意見を伝えるという方法かもしれません。完璧であることが求められるのではなく、社会に属する人、企業、行政、そして生産者が共に、良い社会に向けて一歩を踏み出し、苦しむ動物たちの味方になってくれることが、動物たちの明日を左右します。

卵を使わないオムレツなど、様々な植物性のメニューが開発されている

1.　Cynthia Schuck-Paim et al. "Laying hen mortality in different indoor housing systems: a meta-analysis of data from commercial farms in 16 countries" scientiffic reports:https://www.nature.com/articles/s41598-021-81868-3（最終アクセス2022/02/01）

2.　EFSA, "Report on the Analysis of the baseline study on the prevalence of Salmonella in holdings of laying hen flocks of Gallus gallus"The EFSA Journal: https://efsa.online library.wiley.com/doi/epdf/10.2903/j.efsa.2007.97r（最終アクセス2022/02/01）

3.　2021年11月30日現在

4.　2021年11月30日現在

5.　農林水産省「平成 27 年度家畜由来細菌の抗菌性物質感受性実態調査結果」: http://www.maff.go.jp/nval/tyosa_kenkyu/taiseiki/pdf/h27cyousakekkagaiyou.pdf（最終アクセス2022/02/01）

6.　EARTH INNOVATION INSTITUTE, "IPCC REPORT AUTHOR: 'NO FASTER WAY'TO REDUCE EMISSIONS THAN STOPPING DEFORESTATION": https://earthinnovation.org/2021/08/ipcc-report-author-no-faster-way-to-reduce-emissions-than-stopping-deforestation/（最終アクセス2022/02/01）

7.　OBSERVATORIODOCLIMA,"Área de cultivo de soja no Brasil pode diminuir 39% até 2040": https://www.oc.eco.br/area-de-cultivo-de-soja-no-brasil-pode-diminuir-39-ate-2040/（最終アクセス2022/02/01）

プロフィール
岡田千尋（おかだ・ちひろ）
認定 NPO法人アニマルライツセンター 代表理事／一般社団法人日本エシカル推進協議会 理事
2001年からアニマルライツセンターで調査、キャンペーン、戦略立案などを担い、2003年からアニマルライツセンターの代表理事を務める。主に、卵や肉などの食べ物として扱われる動物、毛皮やアンゴラなど衣類素材として扱われる動物を守るための活動や、日本全国のアニマルライツの行動ネットワークづくり、エシカル消費の推進を行う。2005年から開始した毛皮反対キャンペーンでは、2006年のピーク時から日本の毛皮付き製品の輸入量を94%減少させてきた。ヴィーガンエシカルマガジンサイトHachidoryの運営も行う。

再生可能エネルギーを選ぶ社会と、現場の課題意識

自然電力株式会社　ブランディング&コミュニケーション部　**出張光高**

身近になる歓迎できない気候変動

　世界気象機関 (World Meteorological Organization, WMO) から2021年9月に発表されたプレスリリースのタイトルは "WMO: Climate change threatens sustainable development（気候変動は持続的な発展の脅威）" とされ、その中で触れられていたレポートの中では、二酸化炭素濃度、海洋酸性化、気温、海洋への熱の蓄積、海氷域、氷河・氷床の質量収支、海面上昇という7つの気候状態指標がどのようにSDGsと関係しているかが明示されています。国際社会が気候変動との相互関係になお一層配慮するようになる中で、地球上で起きている「変化」が私たちの未来の生活にどのように影響を及ぼし得るのか、多角的に、多くの分野横断的なパートナーシップのもとで取り組むことが、今強く望まれています。またこのためには、より大きな社会システムを捉えて、各セクターが協力して推進する打ち手が求められています。

　すでに、昨今の気候変動が日々の暮らしの脅威となっている地域があることは事実であり、その状況が年々激しさを増しているということを、世界から届く映像を通じて知ることができます。

　温暖化という事象に絞って見ると、一部には懐疑論もあります。

二酸化炭素が直接的な温暖化の原因というにはエビデンスが不足しているという意見です。一方で、気候変動に関する政府間パネル（IPCC）が2021年に発表した第6次報告書では、人間活動の影響で地球が温暖化していることについては「疑う余地がない」と結論付けられています。もちろん、これからの研究によって、今はまだ私たちが知らない発見も出てくるかもしれません。しかし今、地球のシステムに何らかの「変化」が起きており、それが私たち社会の持続可能性にとって喜ばしくないものであると、日々、より多くの人たちが感じるようになっているのではないでしょうか。

　例えば、2021年6月、米国、ポートランドでは摂氏42℃と史上最高気温を更新しました。その翌日は摂氏44℃と前日の記録を更新、さらにその翌日も摂氏47℃となり、3日連続で観測史上最高気温を更新したのです。また、2021年7月、日本の静岡県熱海市では、1976年の観測開始以来7月としては史上最大の降水量となる、48時間降水量408.5mmが記録されています。観測史上最高気温、観測史上最高雨量という言葉は、世界で毎年のように聞かれるようになっており、いつ自分がそのような「変化」の影響を受ける側になるのか、誰も正確な予測はできません。

　二酸化炭素濃度は、パンデミックによって様々な経済活動が抑制された2020年の世界地表平均値で412.5ppmとなり、過去360万年の間で最も高い水準にあったと、2021年4月米国海洋大気庁（NOAA）が発表しました。日本の二酸化炭素の排出源をたどってみると、2021年度の日本国温室効果ガスインベントリ報告書によればエネルギー転換部門が39.1%を占め、このうち約9割を占めるのが発電であり、電気を生み出すために排出されている二酸化炭素の

量はいかに大きいかがわかります。世界的に見ても、同様の傾向が見られます。

　化石燃料の燃焼からの脱却や土地活用の変化などは、喜ばしくない「変化」に対する私たちの打ち手とされています。特に化石燃料の燃焼は、私たちの生活を支えるエネルギーを生み出す活動と密接に繋がっています。例えば、重要なエネルギーの一つである電気は、現在も多くの化石燃料の燃焼によって生み出されています。2015年12月に採択されたパリ協定の締約国は2021年現在、192カ国・地域で、今世紀後半に、温室効果ガス排出実質ゼロを目指していますが、世界の電力供給量の増加基調が継続する中で、二酸化炭素の排出を抑制した電気への転換をしながら、いかに持続可能な開発に応えていくか、多くの国々が施策を講じています。

再生可能エネルギーへの転換の現在地

　複雑な地球環境システムの中で地球の気候は「変化」し、その「変化」が私たちの安心できる暮らしを脅かす中で、再生可能エネルギーへの転換は一層求められるようになっています。化石燃料による発電源を代替することで二酸化炭素の排出を抑制することが可能であり、また発電の過程で、危険で、特殊な処理が必要な廃棄物がないからです。なかには技術的に実用化されていないものもありますが、再生可能エネルギーの発電源は次が挙げられます。

太陽光発電
太陽熱利用

水力発電
中小水力発電

風力発電

バイオマス発電

地熱発電
地中熱発電

波力／潮汐／潮流
海洋温度差発電

- 半導体に光を当てると電気が生まれる光電効果を活用して発電する**太陽光発電**
- 太陽の光をレンズや反射鏡で集めて生まれた熱によって蒸気タービンを回転させて発電する**太陽熱発電**
- ダムなどで貯めた水が高いところから低いところへ落ちるときに生じる力によって水車を回し、その水車の回転運動を発電機に伝えて電気に変換する**水力発電**
- 河川の流水、農業用水や上下水道などの水の流れによって水車を回し、その水車の回転運動を発電機に伝えて電気に変換する**中小水力発電**
- 山間部や平野部、海上などに風車を設置し、風の力を利用して風車を回し、その風車の回転運動を発電機に伝えて電気に変換する**風力発電**
- 動植物などから生まれた生物資源を直接燃焼、またはガス化してから燃焼して水を熱し、蒸気タービンを回すことで発電する**バイオマス発電**
- 地下のマグマの熱エネルギーによって高温になった蒸気や熱水を活用して、蒸気タービンを回すことで発電する**地熱発電**
- 水素を燃焼させて空気中の酸素と化学反応させ、そのエネルギーでタービンを回すことで発電する**水素発電**
- 窒素と水素の化合物であるアンモニアを燃焼させ、蒸気タービンを回すことで発電する**アンモニア発電**
- 海の力を用いる、波の力を活用する**波力発電**、潮の満ち引きによる潮汐流が持つ運動エネルギーを使う**潮力・潮汐発電**や海流による海水の流れを使う**海流発電**

このような様々な電源の種類がある中で日本においては、太陽光発電が、1994年から2006年の住宅向けの補助金制度や、2009年度以降の余剰電力買い取り制度の開始と新しい補助金制度によって普及しました。

　しかし、経済産業省資源エネルギー庁の総合エネルギー統計(2019年度)によれば、石炭・天然ガス・石油等による発電が全体の75.7%、水力、太陽光、風力、地熱、バイオマスを合わせて再生可能エネルギーが18.1%、原子力が6.2%と、効率化による二酸化炭素排出量の抑制をしているとはいえ、まだ日本では多くが化石燃料を起源とする発電源に頼っているのが実情です。

　一方で、比率だけを海外と比較し、日本は欧州圏に比べると再生可能エネルギーの割合が低いという指摘もありますが、これは自然環境の条件によって再生可能エネルギーの適性も大きく異なるからです。北欧は起伏の激しい土地が多く、発電に使える河川が多いため水力発電の割合が多くなります。また一定の風が吹き続ける広い平野や遠浅の海があるイギリスでは風力発電の導入に適性があります。さらに、人口動態という要件が加われば、電力需要の総量や大量消費地の存在の有無など電力需給の景色も変わってきます。

　それぞれの国が、各々の制約・条件のもとで化石燃料からの脱却を進める中で、日本は、海外の先進的な事例を参照しながらも、独自の再生可能エネルギー導入の道を模索していくことが求められています。むしろ、海外の電源構成を目指すばかりに、無理な開発を進めることは、逆に環境破壊を引き起こすなど、本来私たちが目指しているもの、期待しているものとは異なる結果に繋がる可能性もあります。

サステナビリティへの挑戦

　再生可能エネルギーによる発電所を設置していくためには、発電源となる太陽光パネルや風車、水車などを設置することに適した場所が必要になります。例えば、太陽光発電や風力発電では、その場所における日射量、一定の風向と風量が必要になります。小水力でも、一定の水流量が必要で、発電タービンへの影響のない水質なども求められます。屋根にパネルを置くとしても、その建造物が構造上荷重に耐えられるか、保守・メンテナンスのための定期的な立ち入りができるか、といった要件なども検証が必要です。他にも、土壌・地盤の安定性や農地法や国立公園法などの土地利用に関わる法律など、様々な視点から、用地を見極めていくことが求められます。また発電所の建設の際には、自然環境の保全に対する適切な配慮があることが重要です。

　避けられない経済合理性の議論もあります。発電所の開発から建設には相応の投資も必要です。太陽光パネルの出力保証は一般的に20-30年、風力発電の原動機の寿命は一般的に20年程度とされ、いずれの発電源も税法の定める減価償却期間は17年という耐用年数が設定されています。この期間における事業性を見極めた、運用リスクを含む投資判断が事業者には求められます。また発電開始後は定期的な保守・管理が必要となり、運転費用が継続的に発生します。発電効率が下がらないように各機器の状態を定期的に診断する、発電を遮るような事物がないか検証する、自然災害による障害が生じていないかどうか確認し、必要に応じて対処するなど、継続的に見守っていく必要があります。実際にあった事例では、飛来する鳥

による投石で太陽光パネルが破損する、台風などの突風により風車のブレード（羽根）が破損するといった事象も起きています。社会的な意義を果たしていくことを目指しながらも、中長期的な事業リスクを見極めなければなりません。

　さらには、発電の運用期間が終わった後、太陽光パネル、風力タービン・ブレードなどのリサイクルやリユースといった循環経済性も視野に入れていかなければ、持続可能な代替電源とは言えないでしょう。

　このような様々な課題に応えながら再生可能エネルギーの発電所を増やしていくためには、需要家である生活者や事業者が、再生可能エネルギーの供給を受ける先を見極め、透明性の高い再生可能エネルギー電源の運用と開発にお金が回るように電力会社を選ぶ、あるいは、みずからが主体となって真にサステナブルな再生可能エネルギーの発電所を増やす、といった行動が必要になってくるでしょう。

　実のところ、再生可能エネルギーは不安定な電力供給源です。日本では、オイルショック以降40年にわたり、資源を海外に依存するリスクに対処するための電源の多様化を進めるとともに、停電の少ない、電力供給の仕組みを築き上げ、生活者や事業者が安心して過ごすことができる、電力の安定供給を実現しました。結果として、2011年の東日本大震災を除くと、年間の停電時間の平均は約20分と、世界トップクラスの安定性をもった電力システムが築かれています。化石燃料を使わない、未来に負担を強いるような廃棄物を出さない再生可能エネルギーによる電力の供給は望まれますが、安心できる日々の暮らしを守るためには、発電された電気を貯める蓄電

の仕組みや電力を効率良く管理できるシステムの導入などの議論と
検証が必要になります。

「変化」を積み上げて、未来につなぐ

　日本は、2030年度における温室効果ガス削減目標を引き上げ
46%として、50%削減の高みに向けて挑戦を続けるという発表を
しています。この大胆な目標を達成していく中で同時に安定的な電
力供給を維持するためには、電力消費を抑える節電や省エネも進め
ることで、電力需要も抑制していくという視点も必要になります。
Enerdata社のグローバルエネルギー統計イヤーブック2021による
と、日本では2020年に、年間905TWhの電気が消費されます。こ
れは、2017年の980TWhから年々減少してきています。電化も徐々
に進んでいますが、省エネ家電の進化やエネルギー効率の改善、さ
らには私たち一人ひとりがエネルギーの消費を抑えていくという行
動変容も求められるでしょう。
　もう一つ、「地域」という視点も忘れてはなりません。一度発電
所を設置すれば、前述の通り、20年近く運用され設置される地域
と長い間共存していくことになります。そのために自治体の理解を
はじめ住民の理解を得るために説明会を重ね、合意を経てようやく、
建設が始まるという流れになります。しかしながら、太陽光発電所
は、日本国内の一部で乱開発や安全に配慮した計画を守らないよう
な事業者の存在もあり、景観破壊や落石事故、土砂崩れなども起き
ています。そのような事例が伝わることが住民の方々の不安に繋が
り、昨今の開発ではどのような地域でも反対の声や慎重論が聞かれ

るようになりました。このような中で、自然環境や景観、また周辺で暮らす方々の生活に望まれない「変化」をもたらすことのないよう、協議を重ねる必要があります。

　また、再生可能エネルギーの発電所は、保守・運用がありますが、雇用としての還元を受ける方々は火力や原子力といった発電設備に比べれば限定的です。そのため、発電所が生み出す売電収益の地域還元、あるいはそれを元手とした地域創生の仕組みづくりや地域の生活インフラの改善・強化まで、再生可能エネルギーの発電所ができることをきっかけとした新しい価値を生み出すシステムの構築が、地域と共存する発電所の運営には必要です。発電所ができることで、他の地域との新しい関係性が生まれ、人の往来を通じて地域が活性化したり、新しいアイデアがもたらされることで新しい地域事業が創出されるようになるなど、発電事業という枠を超えた存在意義が期待されます。

　再生可能エネルギーへの転換を進めていくことは、私たちの暮らし、社会経済を支えるためのエネルギーから生じる二酸化炭素を抑制していくことに繋がります。それは気候変動という持続可能な社会の実現を脅かす大きな壁を崩す打ち手の一つであり、未来に、今多くの人が感じる自然からの感動や恩恵をつないでいくことに繋がるはずです。一方で、再生可能エネルギーの導入には、俯瞰的に全体の社会システムを見ながら、そこに関与する方々や自然環境、その先で影響を受ける事物まで考えていくことが求められます。生活基盤インフラの一つである電気であるからこそ、そこに関わる人も非常に多く、複雑な利害関係も存在しています。

　だからこそ、再生可能エネルギーによる電力が私たちの暮らしを

支えるという世界への「変化」には、多くの「変化」の積み重ねが必要です。まず、私たち個々人が再生可能エネルギーへの転換を推し進めることを、自分の行動として選ぶことは可能です。そのような選択による自分の行動や姿勢の「変化」がすべてのスタートになります。例えば、今使用している電気に向き合って、無駄に電気を使わないためにはどうしたらよいのだろうか、と考えてみてはいかがでしょうか。そして、再生可能エネルギーの導入を進めるためには誰から電気を買うべきだろうか、と考えてみましょう。それが、大きな「変化」の第一歩になると思います。

プロフィール
出張光高（ではり みつたか）

自然電力株式会社　ブランディング＆コミュニケーション部
東京都小平市生まれ。横浜、香港、東京育ち。慶應義塾大学総合政策学部学士。シカゴ大学ブースビジネススクール経営学修士ファイナンス専攻。経営コンサルティングファーム、ブランドコンサルティングファーム、デザインエージェンシーを経て 2019 年にブランド・メディエーターズ創業、現 CEO。これまでに、グローバル企業の日本市場を含むアジアへの事業展開支援業務やアジア太平洋地域における企業の海外市場参入支援を手掛けてきた他、海外市場で培った知見と見識をもとに経営戦略構築支援と戦略実装支援を行ってきた。近年は、サステナビリティ、再生可能エネルギー、データサイエンス、シェアオフィスといったテーマに、ブランディングからサービスデザインまで、一気通貫の顧客体験の設計と実装、戦略実行を担っている。特に再生可能エネルギーの領域では、自然電力株式会社のブランディング＆コミュニケーション部、エナジーデザイン部にて、青い地球を未来につなぐために日々脱炭素の提案に奔走している。

▶ 脱成長とコモン

東京大学大学院総合文化研究科准教授　斎藤幸平

アヘンとしてのSDGs

「SDGsは大衆のアヘンである」。『人新世の「資本論」』(集英社) で
私はそう主張した。なぜか。エシカルやSDGsが流行っているが、
マイボトルやマイバッグ、オーガニックコットンで地球の未来を守
ることはできないからだ。個人の力だけでは、環境危機を止めるこ
とは到底できない。それどころか、自分たちのやっている節水や節
電などの小さな努力で満足してしまえば、構造的問題から目をそら
すことになってしまう。

　企業も、SDGsやエシカルを宣伝道具に使っていないだろうか。

　フェアトレードのコーヒー豆を買えば、グアテマラの農家の子ど
もたちが学校にいけるように寄付をします。だから、うちの企業の
商品をもっと買ってください。

　私たちも、そんな宣伝文句を真に受けて、少し高いコーヒーを買
い良心の呵責を和らげているのであれば、結局は、今まで通りの生
活を続けるための「免罪符」としている。それはお金持ちの自己満
足に過ぎない、と言われても返す言葉がないだろう。

　こうした問題点があるにも関わらず、日本では、世界と比べても
SDGsが流行っている。なぜだろうか。日本人が貧困や格差、環境

といった問題に関心があるからだろうか。だが、日本のジェンダー格差は121位である。また、気候変動問題について「関心がある」と答えた人の割合は、他国と比べて著しく低い。それに食べ物は過剰包装だらけだ。

　では、なぜSDGsがそのような社会においてこれほどまでに流行るのか。それは、「やっている感」を出す道具に成り下がっているからである。言葉を広めるために、内容を薄めすぎてしまったのではないか。緩やかな基準を設定したうえで、そうした指針の達成をチェックするような商品をコンサルが販売し、購入側も達成したことに満足し、それを営業宣伝に使う。このような甘えの代償はあまりにも大きい。

二周遅れの日本

　甘えの結果として日本社会は、世界の潮流と比較して二周遅れである。まず、よく指摘されるように、日本の気候変動対策は欧米に遅れを取っている。石炭火力発電や原発といった旧型の技術に依存するエネルギー構成は、世界からも批判され、COP26でも「化石賞」をもらうことになった。また、電気自動車の開発でも出遅れており、トヨタの気候変動対策は、国際環境NGOから最低ランクの烙印を押されている。このような旧来型の技術に依拠した「新しい資本主義」は、実質的には、過去の高度経済成長へのノスタルジーをともなった「古い資本主義」を粉飾したものにすぎない。

　「成長と分配」を目指す「新しい資本主義」の真のあるべき姿とは何か。それが、欧米のリベラル派が目指す「緑の経済成長」である。

つまり、大胆な気候変動対策によって、経済成長を狙う路線だ。今後、急速な脱炭素化を実現するためには、再生可能エネルギーへの転換はもちろん、電気自動車、水素飛行機などによって、既存の発電や移動手段をすべて置き換えていく必要がある。それ以外にも、農業機械や化学肥料・農薬、セメントなども二酸化炭素の一大排出源となっており、別の技術で置き換えなければならない。どうしても脱炭素化できない部門に対応するために、二酸化炭素を吸収する技術なども開発が進んでいる。

　もちろん、新技術の開発や旧技術の置換には追加的コストはかかる。だが、その先には、新市場というフロンティアがあり、大きな利潤が見込まれる。その限りで、気候変動が要請する危機対応が実体経済を再活性化させ、経済成長を回復させることが期待されているのである。そうなれば、環境問題も、経済格差も、同時に解消できるかもしれない。こうした期待を担うのが、「グリーン・ニューディール」である。

　さて、日本は緑の経済成長に向けた投資や開発からも遅れを取っている。ここに一周目の大きな遅れが存在するのは間違いない。けれども、ここでのポイントは、日本が二周遅れだということだ。実は、緑の経済成長を目指すだけでは不十分だという声が欧米では上がるようになっている。

　それがグレタ・トゥーンベリに代表されるＺ世代の「システム・チェンジ」を求める声である。もし、欧米や、進んでいるとされる北欧における緑の経済への転換が十分であるとするなら、スウェーデン人の若者が学校ストライキのような手段をとる理由も説明できないし、彼女の主張があれほどの広まりを見せるのも理解できなく

なってしまう。

　日本では、自然豊かで持続可能というイメージのある北欧も優等生からは程遠い。実は、北欧諸国は、環境負荷においてはむしろ残りの欧州諸国よりも成績が悪いという研究もある[1]。北欧の「豊かな」社会は平等で素晴らしいが、地球環境の視点からは問題含みであり、単に環境負荷が途上国へ転嫁されているにすぎないのである。

緑の経済成長の矛盾

　だが、人新世とは、外部化の余地が消尽した時代にほかならない。外部化は、中国、ブラジル、インドが急速な経済成長を続ける中で、ますます困難になっている。そんな中、気候危機によって切り拓かれた新しい市場での競争が激化する。そうなれば、緑の経済成長という名のもとで、周辺部の住民や環境は徹底的に搾取・採取されることになる。

　一方で、グリーン・ニューディールによって実現された「成長と分配」の成果が、より環境に優しくなる保証はない。SDGsやエシカルにまで浸透する消費主義的ライフスタイルを考慮するなら、むしろその可能性は低い。ファストファッションやファストフード業界の見せかけのSDGsが広まるだけならば、地球環境の劣化はより一層進んでいく。結局、エネルギーや資源の消費量も期待されていたほど減らず、「緑の経済成長」は気候変動を止められないという可能性も十分にある。

　そもそも経済成長を続けながら、環境負荷を減らしていくことには大きな困難が伴う。技術革新を進めることは不可欠だが、その成

果も経済成長に伴う資源やエネルギーの消費量増大によって、帳消しにされてしまう可能性がある。その限りで、「新しい資本主義」は危機を解決できない。

　つまり、2030年までのSDGs目標達成や2050年までの脱炭素化を真剣に目指すなら、先進国の経済成長にブレーキをかける道を真剣に検討しなければならないのだ。それが脱成長に向けたシステム・チェンジの要求である。

脱成長とは何か

　要するに、今、世界ではグリーン成長と脱成長が、アフターコロナの経済のあり方をめぐって、凌ぎを削っている。こうした流れから、今の日本は大きく遅れを取っているのである。とりわけ、脱成長派は、既存の社会システムからの大転換を迫るのであり、日本で見られるような個人レベルでのSDGsやエシカル消費からはかけ離れているのである。

　そんな状況で、「脱成長」という言葉を聞くと、自分たちの生活が貧しくなることを心配する人もいるだろう。だが、脱成長は清貧の思想ではない。脱成長が目指すのは、「経済成長」ではない、もっと別の形の「発展」であり、「豊かさ」だ。現在の社会で十分に発展させることのできていない各人の能力、社会的平等や公正、余暇を実現することで、社会全体の幸福度を上げることを目指す。

　こう問うべきだ。私たちはもう十分豊かなのに、さらなる経済成長を求めすぎて、逆に不幸になっていないか、と。事実、際限のない経済成長を目指すせいで、長時間・低賃金労働、広告、計画的陳

腐化が蔓延している。意味のない仕事で精神を病んでいる人もいる。それでも、小さな家の住宅ローンを返済するために、満員電車で長距離を通勤し、競争し続けなければならない。その結果、家族や友人との時間、自炊やスポーツ、趣味のための時間がほとんどない人生になる。家事や子育て、介護の負担は女性にばかり押し付けられる。ストレス解消はアルコールや買い物。こうした事実から浮かび上がってくるのは、経済成長が孕む暴性や抑圧である。

　脱成長が目指すことは、労働からの解放である。全体のパイを大きくし続けないとすると、労働時間は削減することができる。技術発展を、より多く生産するためではなく、より短く働くために用いるのだ。ここで、全体のパイが大きくならないことも過剰に心配する必要はない。今、人々が貧しいのは十分な富が生産されていないからではなく、それがあまりにも一部に偏在しているから貧しいのだから。

　資本主義は社会の富を囲い込み、希少性を人工的に作り出す。無償で利用できる富（自然、文化、知識）は商品化され、独占されていく。そうなれば、生活に必要なものには貨幣が必要となり、それでお金儲けをする人々が出てくる。そのような状況下では、社会がいくら成長したとしても、多くの人の生活は豊かにならない。脱成長で豊かさを取り戻すためには、商品化を抑制し、再び誰もが利用できるコモン（公共材）を増やしていくべきなのだ。

　例えば、教育、医療、公共交通機関、住宅、インターネットなどにもっと公的予算をつけ、無償化するなど、多くの人が安定的にアクセスできる状況を作る必要がある。そうすれば、私たちが生活をするために必要な商品を買うべく、長時間労働をして、大量生産、

大量消費、そして環境破壊をするという悪循環から抜け出す道が生まれる。

　財源としては富裕層の負担が増えることになる。同じお金でも富裕層が独占する社会では、豪華客船での旅行やスポーツカーなどみずからの社会的地位を自慢するための顕示的消費に使われ、環境負荷も高まっていく。それに対して、平等な社会では、富裕層のお金が税金として徴収されるため、人々の住居手当や教育費になり、エッセンシャルで環境負荷の低い活動に使われる。経済的負担が減れば、オーガニックコットンや有機野菜など、環境に負荷の低いものをより多くの人々が購入することができるようになる。平等な社会は環境負荷も低いのだ。

平等な社会に向けて

　さらに、平等は一国内の問題ではない。世界の不平等を是正するためには、先進国が浪費を自覚的に減らしていくことが必要である。それが脱植民地主義である。現状の浪費的な経済を続けながら、二酸化炭素が出ないようにしようとしても、途上国からの資源や土地の収奪は止まらない。逆に、先進国が経済をスケールダウンすることができれば、途上国における資源採掘への依存も緩和できる。途上国は資源や土地に対する主権を取り戻し、先進国の経済成長に奉仕から解放される。

　もう一つ欠かすことができないのがジェンダー平等である。セクシズムのせいで、女性が担う再生産労働は価値を生まない非生産的労働として、低くみなされてきた。その結果、再生産・ケア労働が

劣っており、非自立的なものとみなされる価値観が形成された。現在、ケア労働が置かれている過酷な労働環境は、セクシズムを温存してきた資本主義の帰結である。

　だが、エッセンシャルなものを周辺化し経済成長を優先する社会の脆弱さが浮かび上がっている。とりわけ、コロナ禍で、ケア労働——家事労働、農業、教育、看護、介護、ゴミ収集——の重要性が認識されるようになった。エッセンシャルなものを高く評価できない社会は間違っているという声が高まっているのだ。

　昨今のケア労働へ注目せざるを得ない状況は、新自由主義のもとでの市場原理主義のせいで、ケアが大きな危機に陥っているからでもある。ここで重要なのは、ケアに重きを置く社会への転換は脱成長に親和的だということだ。ケアを発展させ、相互扶助を中心に置くことこそが、脱成長の目的だからである。

　さらに、社会における相互扶助だけでなく、「地球のケア」にまでその範囲を広げるべきだろう。社会や自然を維持・再生する「再生産力」を高く評価する社会は、グローバルサウスの女性や先住民によるケア実践を包括する。ここには、自然からの掠奪を経済成長の根幹に据える現代社会とは別の価値観を学び、実践するためのアイデアが詰まっているのだ。

　コモンの再生、脱植民地主義、ケア革命。どれも求めている内容は、SDGsやエシカルと変わらない。つまり、平等で公正で、持続可能な社会だ。だが、大きな違いは、本気のシステム・チェンジに向けた覚悟だ。資本主義に挑まない変革は、不十分に終わるだろう。私たちに残された時間はわずかである。

1. Andrew L. Fannig et al. "The social shortfall and ecological overshoot of nations" Nature Sustainability (2021).

プロフィール

斎藤幸平 (さいとう・こうへい)

東京大学大学院総合文化研究科准教授

1987年生まれ。ベルリン・フンボルト大学哲学科博士課程修了。博士(哲学)。
専門は経済思想、社会思想。Karl Marx's Ecosocialism:Capital, Nature, and the Unfinished Critique of Political Economy(邦訳『大洪水の前に』・堀之内出版)によって権威ある「ドイッチャー記念賞」を日本人初、歴代最年少で受賞。日本国内では、晩期マルクスをめぐる先駆的な研究によって「日本学術振興会賞」受賞。『人新世の「資本論」』(集英社新書)で「新書大賞2021」を受賞。

企業とサステナビリティ

21世紀金融行動原則運営委員　**松原稔**

　金融、特に機関投資家はESGに注目した投資を進めています。ESGとは Environment, Social, Corporate Governance のそれぞれの頭文字をとって総称する言葉で、機関投資家が企業の財務情報や経営情報だけでなく、環境問題への取り組み、人権問題など社会課題への取り組み、汚職や贈収賄防止、取締役会構成等の企業統治への取り組みも考慮した投資のことを指します。特に、年金という国民の社会保障制度の根幹をなす超長期性資金を運用する機関投資家は、企業経営の持続可能性(サステナビリティ)を測るうえでも企業のESG課題への取り組みを重視しており、企業の長期的な成長性や持続可能性を評価する指標として、SDGsと合わせて活用しています。

世界のESG課題の高まり

　ESG。この言葉は国連責任投資原則によって広がりました。英語でPrinciples for Responsible Investment、略してPRIと呼ばれ、それは2006年に国連の当時の事務総長であったコフィ・アナン氏が中心となって設立された「投資にESGの視点を組み入れることを求めた機関投資家の投資原則」です。事務局所在地は英国ロンドン

です。

　この原則に賛同する機関投資家はPRIに署名し、遵守状況及び
ESG活動に向けた取り組みを毎年開示・報告しますが、2006年の
設立以降、毎年、機関投資家の署名数、及び署名機関投資家が保有
する運用資産額が増加の一途を辿り、いまや非常に大きな力を持つ
機関投資家のネットワークとして、国際社会は注目しています（下
記グラフ参照。2020年末時点で約3,000の機関投資家（資産運用規模約
100兆ドル）が署名）。

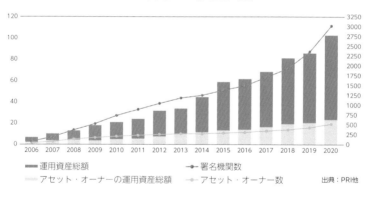

PRI署名機関数と運用資産額の推移

　日本でも機関投資家の関心が高く、世界最大の年金基金である年
金積立金管理運用独立行政法人（以下、GPIF）をはじめ、78の機関（日
本政策投資銀行、保険会社、運用機関、企業年金基金等）が署名していま
す（2019年6月末時点）。

　このPRIでは、ESGにかかるリテラシー向上（PRIアカデミー）、協
働エンゲージメントなど様々な活動がありますが、なかでも代表的

な活動に年次総会があります。年次総会は欧州、アジア・オセアニア・アフリカ、アメリカの地域ごとに相互に主要都市で開催し、ESGの重要課題について話し合いがもたれています。なお、これまでの過去5回の開催都市と主要議題は次のようになります。

これまで、世界は気候変動問題と人権問題に焦点をあててきた

2015年（第9回）会合	2016年（第10回）会合	2017年（第11回）会合	2018年（第12回）会合	2019年（第13回）会合
ロンドン	シンガポール	ベルリン	サンフランシスコ	パリ
■ Fuduciary duty in 21th Century ■ Human Rights ■ Climate Change	■ Bringing RI to Asia ■ Green Finance ■ Blue Print	■ Blue Print ■ Climate Change-TCFD ■ Climate Change	■ Climate Change-Just Transion ■ Human Rights ■ TCFD ■ Holistic Approach	■ Responsible investment in an age of urgent transion ■ Modern Slavery ■ SDGs ■ Sustainbale Finanfe ■ Net Zero ■ The Next

出典：PRI他

　このように、世界はこれまで一貫して、気候変動問題と人権問題に注目してきたことが確認できます（2020年は東京で開催される予定でしたが、コロナの影響で1年延期。さらに2021年秋に開催が期待されたものの、コロナ収束の兆しが見えず中止となりました）。

　PRI年次総会での主要ESG課題は、時間差を置いて日本でも注目される傾向にあり、これからの日本のESGの主要テーマを占ううえでは、このPRIの動向を確認することが重要であることがわかります。

企業による社会のサステナビリティへの関与の高まり

　機関投資家はESG課題に関心を強める中で、企業もESG課題に取り組む姿勢が強まりつつあります。

　その背景として、いくつかの論点がありますが、その一つとして、社会の持続可能性が確保でき、初めて企業の持続可能性が実現されるという企業の理解が進んだことが挙げられます。例えば、花王の統合レポート2021の冒頭文では次のように記述されています。

　「ローマ・クラブ「人類の危機」レポート『成長の限界』が出版されたのは1972年。このまま人口増加や環境破壊が続けば、資源の枯渇や環境の悪化によって百年以内に人類の成長は限界に達する可能性が指摘されました。2004年に発表された『成長の限界 人類の選択』では、再生する力を上回って排出を続けると、人類は滅亡すると警告しています。(中略)。大量生産・大量消費・大量廃棄は世界の課題です。人々が毎日必要とする日用品をコア事業とする花王にとって、その責任はとても大きいものです。私たちが今向かうべき方向は、成長ではなく発展の道だと考えます。なぜなら、「成長」に限界はあっても、「発展」に限界はないからです。」

　花王の統合レポートが紹介したローマ・クラブ「人類の危機」レポート(1972年)に重なる形で、現在、地球が直面している社会的課題はより深刻で、複雑な内容となっています。例えば、世界人口は現在約76億人が2050年に約100億人になるということ、都市化(都市部に住む人口の比率)が現在の約50％が2050年には約70％に

　なると予想されていること、また、都市化が進むにつれ、経済規模が拡大すると見込まれ、現在を1とすると、2050年にはその規模は約4倍になり、エネルギー需要は1.6倍、食糧需要は1.7倍、水需要は1.6倍に達する見込みとなり、地球の限界（プラネタリー・バウンダリー）を意識せざるを得ないステージに入ってくることは疑いのないことでしょう。

　こうした状況の中、国際社会はグローバルな経済活動の中核を担う企業に対して、社会的課題の解決のためにより主体的に取り組まなければ、地球に迫りくる危機を回避できないという問題意識が高まっています。そして、この危機感が企業においても共有され、ESG課題対応に向き合う中で、企業にもその危機感の醸成が進んでいるのです。

　折しも2019年8月には、米国経営者団体ビジネス・ラウンドテーブルでの声明では『企業の目的』として株主だけではなく、すべてのステークホルダー（利害関係者）の利益を追求すると宣言し、企業180社以上の最高経営責任者（CEO）が署名しました。

　そして、その翌年の世界経済フォーラム（WEF）の年次総会（ダボス会議）では、「シェアホルダー（株主資本）主義の限界とステークホルダー（利害関係者）資本主義への移行」が掲げられ、第1回ダボス会議で定められたダボス・マニフェスト「企業は、株主だけでなく社会全体の利益に貢献するものでなければならない（The purpose of professional management is to serve clients, shareholders, workers and employees, as well as societies, and to harmonize the different interests of the stakeholders）」の考え方を踏まえ、2020年の開催テーマを「ステークホルダーがつくる持続可能で結束した世界（Stakeholders for a Cohesive and Sustainable World)」とし、第1回制定のダボス・マニフェストと関連付けてよりステークホルダー資本主義への移行を促しています。

　それは行き過ぎた株主資本主義が所得格差や環境破壊を招き、国際社会はもはや対応できなくなっていること、一方で相対的に企業や金融の影響力が増したことを背景に、新たな資本主義を模索する動きの表れと解釈することもできます。

　近年、日本を含む世界の企業経営や投資家を中心に金融においても「ESG」が重視されており、ダボス会議でも議題になりました。それは、気候変動をはじめとする幅広いステークホルダーへの配慮はもはや遠い未来のリスクではなく、企業が企業価値を高めていくうえでの条件であるということにほかならないからです。それは、企業のサステナビリティを高めるためにこれまでのビジネスの延長線でとらえるのではなく、資源制約を前提としつつ企業のサステナビリティを高めるという、大きな企業変革が求められているといっても過言ではないでしょう。

　2020年のダボス会議に先立ち、世界経済フォーラムが公表した「グローバルリスク報告書2020年版」(2020年1月15日発表) では、世界のリーダーたちが予想する今後、起こり得る長期リスクの上位5つが「異常気象 (洪水・暴風など)」や「気候変動の緩和・適応の失敗」など、すべて環境関連が占めるという初めての結果となりました。

　格差や環境問題などの外部不経済性への対応が益々注目されていく中で、企業と社会の持続可能性を同時に実現する取り組みに注目が集まりつつあります。

　その取り組みは、グローバル企業、大企業に限るものではありません。サプライチェーンを形成している中小企業グループにも国際社会で形成され、受容されつつある多くのルールの遵守が求められ始めています。気候変動や人権をはじめとするサステナビリティ課題は、一国の内部で完結する性格の問題ではなく、また他国だから放置できる性格の問題ではないのです。これをビジネスの世界では「対等な競争環境の整備」という観点から、サプライチェーンを形成する企業に、脱炭素社会に向けたコミットメントや児童労働や強制労働等の人権問題に積極的に取り組む姿勢を求めるなど国境を越えたルールの遵守を求めています。こうした認識を念頭におき、中小企業をも含む企業のESG活動は経営課題そのものとして舵取りが求められるステージに入っていることをより意識する必要があるでしょう。

　国内外における最新の動向2021年6月、日本ではコーポレートガバナンス・コードが再改訂されました。今回の改訂では、特にプライム市場の上場企業において、気候変動に係るリスク及び収益機会が自社に与える影響についてTCFD (Task Force on Climate-related Financial Disclosures, 気候関連財務情報開示タスクフォース)、または同等の国際的枠組みに基づく開示の質と量を求める旨が追加されました。特に、補充原則3-1-③の自社のサステナビリティについての取り組みを適切に開示すべきである、という文脈の中で人的資本や知的財産への投資などに関する具体的な情報開示・提供とともに、気候変動に関してTCFDまたはそれと同等の国際的枠組みに基づく開示の質と量を求める旨が記され、プライム市場の上場企業にTCFDに沿った情報開示を求めています。

また、2021年7月26日付日経新聞によると、金融庁は企業の気候変動リスクの開示を義務付ける検討に乗り出すとの報道がありました。具体的には、今後、金融審議会の中に検討会議を立ち上げ、気候変動が企業活動に与える影響をどう示すのかを議論するとともに有価証券報告書に記載を求める議論を始めるとのこと。法的な拘束力を有する有価証券報告書でルールに基づく開示を義務付け、開示の面から企業の取り組みを加速させるとともに、投資家の判断材料としての活用も主眼に置くというスタンスとのことです。

　一方、国際動向に目を転じますと、生物多様性等に係るリスク及び収益機会が自社に与える影響についてTNFD（Task Force for Nature-Related Financial Disclosure：自然関連財務情報開示タスクフォース）策定を目指す動きも加速し、金融界においても生物多様性の保全が、今後の企業評価と投資を判断する重要な視点の一つして、主流化しつつあります。それは、金融と気候変動という枠組みを超え、金融と生物多様性、さらには生物多様性を育む森林課題という形でESG課題として急速に問題認識が高まりつつあります。

　このように企業のESG課題に対する対応開示の側面においても急速に求められつつありますが、その背景においても企業の持続可能性は社会の持続可能性との両立がもはや避けられないステージに入ってきていることを物語っているのでしょう。

　最後にオランダの大手総合化学メーカーであるロイヤルDSM社の前CEO フェイケ・シーベスマ氏の退任時メッセージを紹介します。

「10年前には社会的に善いことと利益とは相反していた。現在は

それらを両立させることが可能な時代になっている。そして10年後は、それらが両立できていなければ、誰も働いてくれず、社会から望まれない会社になる。」

　シーベスマ氏の指摘した10年後はすぐそこまで迫っています。

プロフィール
松原稔（まつばら・みのる）
21世紀金融行動原則運営委員
1991年大手銀行入行。以降、一貫して運用業務に従事。2008年よりESG活動を推進。主な著書に『日弁連ESGガイダンスの解説とSDGs時代の実務対応』（共著、商事法務）ほか。

チャンスを共有する！
「ソーシャルビジネス」のつくり方

株式会社ボーダレス・ジャパン　代表取締役副社長　鈴木雅剛

　ビジネスは、「助け合い」です。お客様や仕入先、会社で共に働く仲間など、たくさんの人々との助け合いをスムーズに実現する仕組みです。一人ひとりの生活を成り立たせるためには、人と人とが繋がり協力し合う関係が必要不可欠です。

　私たち人間は一人で生きていけません。食べ物を一人ですべて賄うことは、現実的ではありません。大工でない限り、雨風を凌げる家を建てるのも、途方に暮れる作業です。このように、生まれた瞬間から私たちは身近な家族から出会ったことのない人まで、たくさんの人々に支えられて生きています。成長とともにできることが増えると、今度は自分の得意なことやキャラクターを活かして、人々を助ける側にもなるでしょう。また、地球上における生命の循環の中で、他の生物と助け合っていることも、忘れてはなりません。助けられつつ、助けつつ、共に生きる「お互いさま」な存在。こうして、私たちは日々生きていくことができているのです。

　わざわざ当たり前の事実を記しているのは、今の社会で生きる中で忘れがちな「助け合い」という考え方が、これからの社会でとても大切だから。私たち人間は、この考え方をどこかに置いてきてしまいました。そして同時に、たくさんの社会問題を生み出しています。私たちは今こそその事実に気づき、ビジネスにおいても変える

必要があるのではないでしょうか。そのヒントが、「助け合い」や「お互いさま」に隠されています。

無意識に「置いてきぼり」を生み出してしまう

　ビジネスは、利益を出さなければ続けていけない仕組みであることはご存じの通りです。利益とは、会社に入ってくるお金と出ていくお金の差。入ってくるお金を最大にして、出ていくお金を最小にすることが、自然と求められます。この構造こそが、ビジネスで「助け合う」相手を選ぶときに大きく影響します。

　材料の仕入先を選ぶとき、できるだけ一カ所から安く、必要なだけ仕入れられる相手を探そうとするでしょう。いくつもの小規模な取引先とのやりとりは、手間と時間がかかり非効率だからです。手間と時間がかかるということは、それだけ出ていくお金が増えるということです。

　会社に仲間を採用するとき、できるだけ仕事の効率が落ちないような相手を選ぶでしょう。例えば、流れ作業で仕事をしているTシャツの縫製工場。人々はきっちり8時間働き、機械も止まることなく動いています。そこに、子どもの送迎があって朝晩1時間ずつ働くことができないママを採用するのは難しい。流れを止めてしまい生産効率が落ちてしまうからです。

　新規出店するときは、できるだけたくさんの人が集まる場所を選ぶでしょう。人がいない過疎地域でお客を集めるのはとても大変で、効率が悪いからです。

　このように、多くのビジネスは効率的に仕事を進め利益を生み出

せる、できるだけ確実な方法を選びます。

　小規模な取引先、子育て中のママ、過疎地域……これらが置いてきぼりになってしまう存在だということに気づいたのではないでしょうか。「非効率な存在」として、ビジネスの助け合いの環の中に入りづらいために取り残されてしまった人々や状況が、貧困問題や差別偏見、環境破壊などの社会問題として浮き彫りになっています。

ビジネスを上手く「使いこなす」

「置いてきぼりを生み出すビジネスは、儲けを追求する悪者だ」「社会問題の解決は、行政や国際機関、NPOやボランティア団体に任せよう」という声が聴こえてきそうですが、それらの活動だけでは、たくさんの社会問題を解決しきれません。では、どうすればよいのか。

　やはり、ビジネスです。近代以降、たくさんのビジネスが生まれ、世界を大きく豊かに変化させてきました。収入面でも消費面でもビジネスが私たちの生活のほとんどを支えています。まずは、効率を追求するビジネスの構造が、置いてきぼりを自然と生み出しているのだと理解する。そのうえで、社会問題の解決のためにビジネスのチカラを上手く「使いこなす」ことがより良い社会を実現していける鍵となるかもしれません。

　もう少し問いを変えてみましょう。置いてきぼりになる存在と私たちが共に助け合うようなビジネスをつくることはできないのか。それに応えるのが、取り残された人々や状況をも含めて社会を再構

築する「ソーシャルビジネス」です。

ブレない「目的」

　ソーシャルビジネスの最大の特徴は、社会問題で困っている人々や状況を、助け合いの環の中に巻き込み、互いに助け合う点にあります。支援する側とされる側という関係ではなく、助け合いを通したお互いさまの関係で、一人ひとりが自立し幸せを享受できる社会の実現を目指します。

　それは、一朝一夕には実現できません。長期的に取り組み、たくさんの人々を巻き込んで初めて実現できるのです。そのために、ソーシャルビジネスは「続ける」必要があります。様々な困難に直面したとき、効率的で確実に利益が出せる簡単な方法を選んでは、これまでのビジネスと同じになってしまいます。どんなときも、強い意志をもち、易きに流されずしっかりと継続する。ソーシャルビジネスが乗り越えなければならない大きな壁です。とはいえ、強い意志を持ち続けるのは簡単なことではありません。だからこそ、ソーシャルビジネスには最初に決めることがあります。それは、商品でもお客さまでもありません。社会問題に直面し困っている「誰」と助け合うのか。どんな社会を実現するために事業をやるのかという、一番大切な「目的」そのものです。

「顔が見える」ことの強さ

　事例に沿ってお話しましょう。ミャンマーの僻地に、リンレイ村

という小さな村があります。交通が不便で、大きな街まで二時間以上かかる場所。そこで生活しているのは、狭い農地しかもたない小規模な農家さんたちです。彼らは、自分たちの作った作物（タバコを巻くための葉）を、仲買人を通じて大きな街の市場で販売しています。その作物の販売価格は年々下がり、この10数年は赤字で、たくさん借金をしています。お金がない彼らは食べていくことに精いっぱいで、新たな作物を作るための種や資材すら、買うことが非常に難しい状態です。また、家族は出稼ぎに出て、バラバラです。そんな僻地の小規模な農家さんたちと仕事をしたいと考えるビジネスは……ないでしょう。まさに、取り残された地域であり人々です。

　ソーシャルビジネスでは、この農家さんたちと「一緒に助け合う」ことを最初に定めます。農家さんたちが、貧困状況を抜け出し、家族みんなで安心して生活できること。その実現が事業の「目的」です。現地に足を運び、農家さんたちのことを知り、状況を理解し、共に頑張ろうと決める。人間同士の結びつきが強くなればなるほど、どんな困難に直面しても「彼らと共に」という目的を忘れてしまうことはありません。さらに、「ソーシャルインパクト」を最重視します。ソーシャルインパクトとは「何人の農家さんが貧困状況を抜け出せたか」といった社会問題をどれだけ解決できたかを表す指標で、目的に沿って設定します。常に目的に原点回帰させてくれる、ソーシャルビジネスを実践するうえで必要不可欠なものです。

　多額の借金を抱え、出稼ぎで家族もバラバラになっているたくさんの農家さん。このようなリンレイ村の状況を踏まえ、私たちは貧困問題解決を目的とするソーシャルビジネスを、農家さんたちと共に実現していくと決めました。設定したソーシャルインパクトは、

「提携した農家さんの人数」、そして「借金を完済した農家さんの人数」です。

社会問題の「原因」に迫る

　目的を定めたら、次は実現する仕組みを考えます。農家さんには、日々の生活が成り立ち借金を返せるだけの安定収入が必要です。目標となる収入は、平均すると現在の二倍以上。そのギャップを埋められる仕組みにしなければなりません。

　ところで、なぜ農家さんたちは貧困なのでしょうか。背景にどのような社会の欠陥や不条理が存在しているのか。今の状況を打開するには、貧困の「本質的な原因」を捉える必要があります。

　栽培技術が低いのか。農地が狭すぎるのか。仲買人の買い値が安すぎるのか。例えば、技術の低さが原因であれば、技術習得をすることで生産量や品質が向上し、収入が増えるでしょう。しかし、リンレイ村の場合、どんなに計算してもその増加分程度では目標の収入には届きません。現場で農家さんの実態を把握する中で、上の3つの仮説はどれも、決定的な原因ではありませんでした。

　農家さんたちにヒアリングしたり、地域の実態を調べたりして、最終的に突き止めた原因。それは農家さんたちが「市況に大きく左右される市場価格（マーケットプライス）」に依存していることでした。農作物の市場価格は、小規模農家の生活を成り立たせるのに十分な価格ではありません。さらに、天候や取引状況に左右されて乱高下を繰り返す、とても不安定なものです。農産物を市場で販売する方法では、たとえどんなにがんばったとしても、小規模農家の生活が

十分に成り立つ安定的な収入を生み出すことはできなかったのです。

非常識でいい「社会ソリューション」

　価格は、需要と供給のバランスで決まり、その調整機能を市場が
担う。日本では、経済を勉強するときこのように学びます。多くの
人にとって当たり前の常識です。しかし、それに囚われてしまうと、
貧困の原因が市場価格にあるということにたどり着くことは難しい。
これまでの社会の仕組みで上手くいかないならば、ときに「非常識」
なアイデアや方法が必要になります。これらは本質的な社会問題解
決の選択肢として、世界中で活用できる独自の解決策であり、私は
「社会ソリューション」と呼んでいます。

　リンレイ村の場合は市場取引と市場価格で苦しんでいる農家さん
たちの状況を打開する新たな方法のことを指します。つまりそれは、
農家さんたちの生活が成り立つ「農家価格（ファーマーズプライス）」
で作物を「直接取引」することでした。農家価格とは、生活費と農
作物を生産する費用を合計した金額から計算する価格です。この価
格は、相対的に市場価格の二倍から三倍になることもあります。
「わざわざ高い値段を保証してまで作物を買う意味がわからない」
「利益が出なくて続かなさそうだから実現は無理だ」と思われるか
もしれません。しかし、この社会ソリューションを実現しなければ、
農家さんたちの生活は今までと大きく変わりません。借金は増え続
け、破産する家も増えていく。これまで解決されなかった貧困問題
を捻じ伏せるには、常識に囚われないこのような方法にチャレンジ
する必要がありました。

助け合いの先にあるもの

　農家価格で私たちと直接取引することに農家さんが賛同したとしても、買い取った作物を販売できなければ、事業は成り立ちません。しかも、私たちが市場価格よりも値段が高い作物を買い取るなら、その作物を原料とする他の商品よりも、販売価格が高い商品を販売しなければ利益を生み出せません。値段が高いということは、お客が受け取る価値が大きくなければならない、ということです。

　そこで私たちは、農家さんから買い取った作物で大きな価値を提供できる商品へと大変身させました。

　それは、農家さんが生産した無農薬ハーブを原料とする、産前産後のママ向けハーブティです。ミャンマーで作られた高品質の無農薬ハーブを原料にして、日本でメディカルハーブティを作り、妊娠中や授乳中特有のトラブルで困っているママに届ける。たくさんのママを助けることができる非常に価値のある商品です。普通のハーブティよりも高い価格を設定することができました。

　農家さんと助け合い、ママとも助け合う。この助け合いの連鎖が、ソーシャルビジネスを成り立たせ、社会問題解決を推し進めています。ちなみに、貧困農家のため、という売り方は一切しません。それでは助け合いやお互いさまにはならないからです。あくまで、お互いがお互いのために助け合う。その姿勢を貫いています。

　こうして、農家さんたちは、目標の収入を安定して得られるようになりました。借金も返済できました。出稼ぎに出ていた家族も村に戻り、安心して生活することができています。今では、リンレイ村だけでなく、貧困で困っている周辺の村々にも同様の仕組みが拡

がっています。ハーブの栽培だけではなく、様々な作物も生産する
ようになりました。

　先日、私がリンレイ村を訪れたときのことです。小さな子どもが
こう言いました。「僕は将来、日本に行きたいんだ！」。食べること
すらままならなかった状況から、夢や希望を持つ状態へ変わったの
を実感したのが印象的でした。

「チャンス」を共有する

　誰しも自分はこうしたい、こうなりたい、という夢や希望をもっ
て生きています。でも、お金がなければ十分な食事を摂れず、教育
を受けることや、新しい取り組みにチャレンジすることはできませ
ん。社会の中で少数派になってしまうと、相談相手を見つけること
すら難しくなります。社会問題は、夢や希望から人々を遠ざけます。
人々から選択肢を奪い、孤立させてしまいます。

　あまりにも個人化が進んだ今の社会。「個人の未来は個人の環境
と努力に委ねる」という自己責任論が強くなり過ぎました。その風
潮が、人々から「助け合い」や「お互いさま」というあり方、考え方
を忘れさせ、あらゆる面で社会の分断を加速しています。

　その中でソーシャルビジネスは、お互いに助け合い、利益や恩恵
を共につくり出し共有する仕組みとして存在感を増しています。経
済的、精神的な安心感と自立。様々な人々との信頼関係。それらを
手に入れる「チャンス」を仲間同士で支えます。これまでの常識や
既成概念に囚われず、みんなで「チャンス」を共有しお互いを応援
し合う、新たな仕組みをつくり出そうとしているのです。

「様々な人々と助け合い、お互いさまだと分かち合う」。そんな社会の実現に向け、ソーシャルビジネスの役割は益々大きくなっています。

（上）ミャンマーのハーブ栽培の様子
（下）妊産婦用ハーブティー「AMOMA」

プロフィール
鈴木雅剛（すずきまさよし）
株式会社ボーダレス・ジャパン　代表取締役副社長
2007年、貧困、差別・偏見、環境問題等の社会問題を解決する「ソーシャルビジネス」しかやらない会社、ボーダレス・ジャパンを共同創業。以来同社は、社会起業家同士がリソースを共有し、社会インパクトの最速最大化を推し進める「社会起業家のプラットフォーム」として、次々と社会起業家を輩出し続けている。2022年1月時点で、15ヵ国45事業を展開。

▶ # 私たちが変える! Z世代の実践

コミュニティコーディネーター　　松丸里歩

　スウェーデンの環境活動家、グレタ・トゥーンベリ氏を筆頭に、社会・環境問題に対して声を上げて活動を展開する「Z世代」の若者が増えています。Z世代とは、1990年代後半から2000年代前半に生まれた世代を指します。彼らは生まれたときからテクノロジーに囲まれて育ったためにインターネットを使いこなす「デジタルネイティブ」とも言われるほか、社会課題に関心が高い、グローバル志向である、起業家精神がある、個性を重視する、などといった特徴が挙げられます[1]。そんなZ世代が、エシカルやサステナビリティに関心が高い理由は何なのでしょうか。また、彼らはどのような活動を行い、社会に影響を与えているのでしょうか。Z世代の筆者自身の事例も交えながら、「Z世代の実践」を紐解きます。

「社会」と「個人」を切り離さないZ世代

　気候変動やジェンダー平等など、Z世代が関心を寄せる社会課題は様々です。本書を手に取られた方の中には、このような問題は規模が大きいために「自分ごと」として捉えにくいと感じている方もいるかもしれません。しかし、デジタルネイティブであるZ世代の多くは、日頃から国内外の様々な情報にオンラインで触れています。

それによって、日常に起こる出来事を大きなコンテクスト、つまり地球規模の課題に結びつけて解釈しているのです。筆者の場合、社会課題や環境問題を意識するようになったきっかけは高校在籍時の短期留学でした。偏った食生活によって体調を崩し、食生活を健康的に改善しようとインターネットで調べていくうちに、フードロスや農畜産業の環境負荷などといった食に関わる社会課題を知りました。幼い頃は地球温暖化や開発途上国の貧困問題について聞いても、どこか遠い世界の話であまり現実味が感じられなかったものの、自分自身の体験と社会課題の繋がりを発見することで、課題が「自分ごと」になったのです。

　その他、異常気象やマイノリティに対する蔑視など、様々な社会・環境課題が私たちの日常生活に影響を与えています。特に、気候変動をはじめとする環境問題にいたっては、環境破壊が進む未来に不安を感じるZ世代の若者が増えています。eco anxiety（エコ不安症）やclimate anxiety（気候不安症）と呼ばれるこの心理状態は、メンタルヘルスの観点でも問題になりつつありますが[2]、これは彼らがグローバルな視点で気候危機の問題に目を向けている証拠でもあると言えるでしょう。このような「社会」の問題と「個人」の生活を切り離さない姿勢によって、Z世代の多くは社会課題を「自分ごと」と捉え、実践活動へと繋がっているのです[3]。

社会課題をカジュアルに発信する

　このように、Z世代は地球規模の社会・環境課題を「自分ごと」として捉え、行動に移している事例が多く見られます。その中でも、

彼らの活動の軸となっている要素は「発信」でしょう。ここでの発信活動とは、主にInstagram、Twitter、noteなどのソーシャルメディアを介して、社会・環境問題の現状に対する問題提起や、問題に対して取り組まれている事例などをカジュアルに発信することを指します。1995年生まれの株式会社arca代表取締役社長・広告クリエイティブディレクターの辻愛沙子氏は、Z世代のソーシャルメディアでの発信について「『私はこういうファッションが好き』っていうことと同等に、『こういう差別が許せない』『私はこういう生き方がしたい』ってことを切り離さずに発信する」特徴があると述べています[4]。このように、日常的に感じる社会課題への思いを個人単位で発信するZ世代が増加しています。筆者自身もInstagramで環境に配慮したプロダクトを紹介したり、noteで海外のソーシャルビジネスの事例をレポートしたりといった発信活動を行っており、このような活動は自分自身の思いを発信するだけでなく、同じような思いで活動する仲間と繋がる手段にもなっています。

　また、個人としての発信のほか、共通の課題意識を持つZ世代が団体を編成して行うケースもあります。例えば、一般社団法人NO YOUTH NO JAPANは「若者が声を届け、その声が響く社会へ」をコンセプトに、Instagramを中心としたプラットフォームで社会や政治に関する事象を30歳以下に向けて発信しており、Instagramのフォロワー数は8万4,000人を超えています（2022年1月現在）。また、Z世代から60代までの多様なメンバーが集う環境オープンコミュニティのSpiral Clubは、ソーシャルメディアと紙媒体「すぱいらる号」での発信や、環境問題について気軽に話せる場作りなどのクリエイティブな活動を通じて、会話のきっかけを創出していま

す。

　さらに、Z世代による発信活動のチャネルはソーシャルメディアだけにとどまりません。2020年には一般社団法人エシカル協会代理事・末吉里花氏の絵本『じゅんびはいいかい？名もなきこざるとエシカルな冒険』（山川出版社）をZ世代の大学生が英語に翻訳し、『Are You Ready?: The Journey to the Veiled World』（同上）が出版されました。筆者を含む国際基督

国際基督教大学の学生が翻訳を担当した『Are You Ready?: The Journey to the Veiled World』（山川出版社）

教大学の学生たち（当時）の「エシカル消費について、世代や言語を越えてより多くの人に届けたい」という思いがきっかけとなって実現した本書の翻訳は、エシカルに関する勉強会を交えながら行われました。消費者庁長官の伊藤明子氏はエシカル消費の普及に関するインタビューで、絵本翻訳の事例に触れながら「商品を購入するだけでなく、作り手として参画することで、多感な若者は多くのことを吸収」するだろうと述べており[5]、エシカルな社会を実現するためには世代を越えた共創が必須であることを示しています。

　Z世代がなぜここまで社会課題に対して行動するのか、その背景には実践者によって様々な動機がありますが、前述した社会・環境に対する不安や危機感はその一つでしょう。また、そのような現状を「仕方がないことだ」と諦めてしまうのではなく、自分たちの行

動によって改善できるという希望を持っていること、そして行動することが問題提起だけで完結せず、同じ思いを持つ仲間と出会う機会となっていることも、Z世代が行動を起こし続ける動機であると考えられます。

エシカルを軸にしたキャリア形成

　さらに、Z世代の社会課題へのアプローチは私生活のみにとどまらず、キャリア形成においてもエシカルな社会への貢献度を重視する傾向にあります。2020年に日本総研が実施した中高大生のキャリアに対する意識調査では、約47％が「環境問題や社会課題に取り組む企業で働く意欲がある」と回答しています[6]。これまでも社会課題解決型の仕事に就いたり、ソーシャルビジネスを起業したりする人はもちろんいましたが、一般的にはお金を稼ぐための仕事を「ライスワーク」、夢や自分の好きなことを追い求める活動を「ライフワーク」のように分けて捉え、社会課題に対する取り組みは後者の「ライフワーク」としてボランティアや趣味の範囲で行われることが多かったのではないでしょうか。しかし、多くのZ世代にとって、本業の仕事そのものが社会課題を解決するための手段として認識されているのです。

　この傾向を表す事例として、「エシカル就活」が挙げられます。エシカル就活とは、企業が環境や人権に配慮しているか否かを仕事選びの軸とする就職活動のあり方で、株式会社Allesgood創業者であり現役大学生の勝見仁泰氏が生み出した造語です。筆者も創業時より参画している同社は、社会課題に取り組む企業と学生をつなぐ

社会課題に取り組む企業と学生をつなぐプラットフォーム「エシカル就活」

SNS型プラットフォーム「エシカル就活－ETHICAL SHUKATSU
－」を2021年5月にリリースし、すでに約2,000人の学生が会員
登録しています（2022年1月現在）。こうしたZ世代の仕事観の変化
は日本に限ったことではなく、アメリカでも「クライメート・キャ
リア」、すなわち気候変動対策に関わるキャリアを追求するZ世代
が増加しています[7]。このような就職活動の新たな軸の誕生は、Z世
代の若者が仕事を通じて社会課題に取り組み続けるという選択肢を
増やすとともに、産業界に対してエシカルな企業活動をナッジする
（自発的な行動変容を促す）効果もあると考えられます。

　また、社会課題に取り組むZ世代の働き方は企業に入社すること
に限らず、その選択肢は多様化しています。筆者が実践しているの
は「パラレルキャリア」や「スラッシュキャリア」と呼ばれる働き方
で、複数の仕事や活動に並行的（パラレル）に従事することや、所属
や職種をまたぎ、様々な肩書きを持ちながら働くことを指します。
筆者がパラレルキャリアに至った理由は、大学在学時から「できる
だけ包括的に社会課題に取り組む仕事がしたい」という一貫した思

いがあったためです。大学卒業後に食の分野からサステナビリティに取り組むNPOに入職後、フルタイムで働きながらも社会に対して自分ができることを考え続けた結果、都市養蜂を通じた地域コミュニティ形成を行う団体の運営支援やサステナビリティを追求するイニシアティブでの活動、そして前述した「エシカル就活」の運営会社の立ち上げなどにも並行して携わるようになり、現在は本業・副業といった考えにとらわれないパラレルキャリアを通じて様々な組織と社会課題解決を目指しています。

　パラレルキャリアの他にも、前述の株式会社Allesgoodのように、在学中や卒業直後にソーシャルビジネスを起業するケースも見られます。こうして、Z世代の社会課題を軸にした働き方の可能性が広がっています。

世代を越えて、エシカルな社会を創る

　これまで紹介してきた事例から、Z世代の人々は価値観を共有する同世代の仲間との活動にとどまらず、他の世代を着実に巻き込んでいることがわかりました。Z世代とその上の世代は、対立構造で描かれてしまうことがしばしばあります。確かに、これまでの世代が後世への影響を十分に考えずに生活してきたことによって環境破壊が進んでしまったことは、Z世代の怒りややるせなさの矛先になっています。また、上の世代の中には、デジタルを駆使した発信活動や、社会的な問題をオープンに話すZ世代の様子に戸惑う人もいるでしょう。しかし、気候変動のように地球規模の問題が深刻化する現在、私たちに必要なのは分断ではなく、世代を越えた共創で

す。「私たちが変える！ Z世代の実践」とは、Z世代の若者だけでなく、あらゆる世代が手を取り合い、それぞれの立場からエシカルな社会の実現に向けて行動するということなのです。そんな共創を生み出す最初の一歩として、あなたも実践を始めてみませんか。

1.　サステナブル・ブランドジャパン「ミレニアル世代とZ世代、社会・環境への関心高まる」: https://www.sustainablebrands.jp/article/story/detail/1189404_1534.html ／ The Huffington Post, "8 Key Differences between Gen Z and Millennials,": https://www.huffpost.com/entry/8-key-differences-between_b_12814200（最終アクセス2022/02/01）

2.　Gizmodo, "Therapists Are Reckoning With Eco-Anxiety": https://gizmodo.com/therapists-are-reckoning-with-eco-anxiety-1846686112（最終アクセス2022/02/01）

3.　The New Republic, "75 Percent of Young People Are Frightened by the Future. That's the Only Sane Reaction to Climate Change": https://newrepublic.com/article/163683/75-percent-young-people-frightened-future-thats-sane-reaction-climate-change（最終アクセス2022/02/01）

4.　KIDZNA「【辻愛沙子／前編】次の社会を担うZ世代の「発信」というアクション」. https://kidsna.com/magazine/entertainment-report-201020-11391（最終アクセス2022/02/01）

5.　オルタナ「企業と消費者、協働促すハブに：消費者庁 伊藤長官」: https://www.alterna.co.jp/33734/（最終アクセス2022/02/01）

6.　日本総研「若者の意識調査（報告）－ESG 及びSDGs、キャリア等に対する意識 －」: https://www.jri.co.jp/MediaLibrary/file/column/opinion/detail/200813report2_kojima.pdf（最終アクセス2022/02/01）

7.　The Guardian, "'No point in anything else': Gen Z members flock to climate careers,": https://www.theguardian.com/environment/2021/sep/06/gen-z-climate-change-careers-jobs（最終アクセス2022/02/01）

プロフィール

松丸 里歩（まつまる・りほ）

コミュニティコーディネーター

1998年大阪生まれ。2020年国際基督教大学卒業。在学時にトビタテ！留学Japanに採択され、ロンドンで生活者の社会課題意識と行動を調査し、個人プロジェクト「SHOCK TUCK」で発信。現在は「エシカル就活」の運営や執筆・編集などのパラレルキャリアを通じて、社会課題解決型のビジネスとコミュニティづくりに取り組む。ポッドキャスト「COMポスト資本主義」パーソナリティ。530week、Tokyo Urban Farmingメンバー。

エシカル・ネイティブの描く世界

一般社団法人エシカル協会 Lead Future Designer　羽生田凛央

2030年頃に社会人になる私たち

　私たち中学生は、SDGs（持続可能な開発目標）の目標年である2030年頃に社会人になる世代です。SDGsが実現した後の世の中に責任を持つのが私たちです。

　ちょうど2021年からの中学校、2022年からの高校の教科書には、「エシカル消費」という考え方が掲載されるようになりました。正直に言えば、まだすべての先生や生徒が「エシカル消費」について十分理解したうえで授業が進んでいるわけではないと感じています。それでも確実に、私たち世代は環境問題や人権問題に対して、当事者意識をもって生活をする「エシカル・ネイティブ」として成長しています。

　2020年、日本政府が発表した「2050年カーボンニュートラル」（温室効果ガス実質排出量ゼロ）の実現のための目標として、2030年の温室効果ガスの削減目標を2013年から比べて46%にすることが発表されました。2050年にカーボンニュートラルを実現するために、今から毎年、同じ削減量で減らしていくと計算すると、30年時点では45.9%の削減が必要になるからということです。今、政府や企業はこれが本当に実現できるのか、そして実現するとすればどう

しなければいけないかを議論しています。

　私たち子ども世代は、この実現を心から信じています。信じるしかないのです。想像してみてください。もしこの「2030年温室効果ガス46％削減」が実現できなかった場合、私たちが社会人になったときに課せられる「2050年カーボンニュートラル」の実現までの目標は、きっと現実的でない滅茶苦茶なものになってしまうはずです。

　「気候正義」（Climate Justice）という言葉があります。気候変動の原因に責任のない人が深刻な被害を受けることは避けなければならない、という考え方です。地球温暖化により異常気象や自然災害が多く発生すると、農業や漁業などの天候や自然に頼った生活を営む途上国の貧困層こそが大きな影響を受けてしまいます。長い年月にわたって気候変動問題の原因となる温室効果ガスなどを出したり海を汚したり、フードロスを増やしてきたのは先進国なのに、資金や技術が十分でない途上国のほうがそれらの結果として起きる自然災害や生態系の変化によって生活が壊されてしまうというのは絶対に間違っています。つまり、「環境」の問題は「人権」の問題も兼ねているのです。先進国の人々が「加害者」となり、途上国の「被害者」の人々の生活を破壊しているのです。

　そして、この「気候正義」については、「世代」の違いによる加害者と被害者があることも言わなくてはいけません。私よりも少し上の世代にあたるスウェーデンの環境活動家グレタ・トゥーンベリさんは、2019年9月にニューヨークで開かれた国連気候変動サミットで、大人たちに向かって「あなたたちは、私たちを失望させている。しかし、若い世代はあなたたちの裏切りに気づき始めています。未

来の世代の目は、あなたたちに向けられている」と強く言いました。気候変動の原因を作ってきた大人たちよりも、原因に責任が少ない私たち世代のほうが、海面上昇や異常気象による生命の危機に晒されるのです。

　私は今、日本で安全に生活できていて恵まれています。でもいつの間にか、気候変動の問題において日本の子どもたちは、先進国としての「加害者」にさせられただけでなく、さらなる温暖化リスクある将来を生きなければならない「被害者」にもなってしまっているのです。

　世界で起きている気候正義を求める強い動きについて、残念ながら日本ではあまり知られていません。一方で私たち世代が主な情報源としているインターネットでは、実は十分な情報が周知の事実です。それにも関わらず、学校やテレビで触れられる話題では、このことに対する危機感が感じられないのが残念なのです。

気候変動対策は「生活の質を良くする」

　World Wide Views on Climate and Energyという世界市民会議が「気候変動対策はあなたの生活にどういう影響を与えますか」という質問をしたとき、世界の回答者の66%が「生活の質を良くする」と答えたのに対して、日本でそう答えた人は17%しかいなかったそうです。日本では逆に「生活の質を脅かす」と答えた割合が60%もいたと聞き、驚きました。

　私たち世代にとっては、気候変動対策は「生活の質を良くする」チャンスに感じます。きっと多くの日本の大人たちにとって気候変

動対策やその他の環境・人権に関する取り組みは、「飛行機に乗る
な」「ペットボトルを買うな」という「○○するな」という「禁止」の
メッセージに聞こえているのでしょう。だから「今せっかく豊かな
暮らしをしているのに、それができなくなってしまう」と感じるの
だと思います。

　でも、子どもたちが大人になり、家族と一緒に豊かな生活を送る
はずの未来のことを考えてみてください。「今の大人の」気候変動
対策がなければ、「未来の大人の」生活の質が脅かされるのです。
私たち世代は、気候変動の脅威から、逃げきれません。今のままの
生活を続けていった場合、もしかしたら2030年に「このままでは
2050年のカーボンニュートラル達成は難しそうなので、やむを得
ず電力の供給を制限します」となるかもしれません。もしかしたら
2050年には「温暖化による海面上昇でいよいよこの街には住めな
くなります。家を捨てて引っ越していただきたい」――こんなこと
を求められることすら想像してしまいます。

　私たちが大人として過ごす未来の生活が壊れてしまうかの瀬戸際、
そのターニングポイントが2030年までの期間だと思っています。
それまでに未来のレールの向きを必死で変え、その後の生活の質を
良くするアクションをしているほうが、何もしないよりよっぽど落
ち着けるのです。これは人間だけの問題ではありません。地球上で
暮らすすべての生物の問題です。今より先を予想し判断できるよう
にすることが大切です。

「地球を貸している」私たちの責任

　エシカルな活動に積極的な大人の人たちは、ネイティブアメリカンの「地球は先祖から譲り受けたものではない。子孫から借りているものだ」という言葉を大事にしてくれています。これはとても素晴らしい考え方で、多くの人に知ってほしいと思っています。

　ですが、だからこそ考えたいのが「地球を貸している」子ども世代の責任です。
　私たち子どもの責任は「ただの無関心な大人」にならないことです。SDGsの目標期限が来る2030年頃に社会人になる私たちは、「自分たちなら必ず地球を良くできる」という確信を持てるように日々を過ごす必要があります。私たちがSDGsの次の目標に向けて責任のバトンを受け取ったとき、「自分たちではこの傷ついた地球をなおせない」という考えで固まった大人になっていたらだめなのです。

2030年以降の地球のあり方について主導権を握る私たち世代が、諦めの感情が植えられた状態で育ってしまったら、次の目標を果たすどころか「どうせ無理だ。関心持つのをやめよう」というネガティブな空気を作る大人になってしまいます。そうなっては元も子もありません。

　まず、若者ができることに限界はないということを知ってほしいです。2012年にオランダの高校生（当時）ボイヤン・スラットさんが発表した「オーシャン・クリーンアップ」という取り組みは、若者の小さな気づきとアイデアが世界を変えられることを教えてくれました。太平洋に浮かぶ大量のプラスチックごみなどを海上で回収するこの事業は、風や海流の影響でごみが特定の場所に集まることに着目した仕組みで、ブイを並べて巨大なV字の中央にごみを集め、それを定期的に回収するものです。2020年7月から、日本でも一律でレジ袋が有料になりましたが、こうしたルールができただけで地球環境が回復するという勘違いをしてはいけません。「このままでは2050年には海洋プラスチックごみの総量が魚の総量を超える」という世界経済フォーラム（ダボス会議）の予測でも見られるように、すでに生産されてしまったレジ袋は無数にあり、海に流れ出てしまったごみが海洋汚染や生態系のバランスを脅かしていることは止められていないのです。若者の気づきと行動力が、実際に世界を一歩一歩良くしていると知ることでとても勇気づけられます。当時高校生だった、ボイヤン・スラットさんたちの取り組みは拡大し、2040年までに5つの海洋渦でプラスチックごみを90%回収することを目指しているそうです。

　そして、私たちみんなにとって大事なのは、「そういった特別な人もいるけど、自分には関係ない」と思わないようにすることです。まずは自分が必ずこなせるという確信が持てる小さな活動から始めてみましょう。「ストローがプラスチックの飲み物を極力買わない」「文房具やお土産の過剰包装を控えてもらうように申し出る」など、身近なアクションからで良いのです。十分勉強して自信のあるアイデアが思いつく前に無理に大きな行動を起こす必要はありません。大事なのは、未来の分岐点に影響を与える人であり続けること。たとえ、その一つ一つのアクションが及ぼす良い影響はわずかなものでも、「自分たちなら必ず地球を良くできる」と感じ続けることが大事なのだと思っています。学校でお互いが良い影響を与え合うことで、「無関心な大人」にならないことができると信じています。

　今、世界が目指している「SDGs」では十分語られていない課題について、友だち同士で少しでも話し合うことも心がけたいと思っています。例えば、SDGsでは「動物福祉」について十分な目標が

掲げられていません。畜産によるCO_2の排出は世界中で出されるCO_2量の51%にもなるのに、私たちが畜産物から得るカロリーは全体のたった18%にすぎません。そんな中で、動物に苦しみや痛みを与えている現実を知るととても苦しくなります。見るととてもつらい映像かもしれませんが、どんな小さい子どもでもわかる「動物がかわいそう」という気づきは、世の中を変えるきっかけになるかもしれないと思っています。

　もう一つ、日本人なら小さな子どもでもわかる大事な考え方として、「もったいない」があります。この言葉は英語圏の辞書にも「MOTTAINAI」とローマ字で載るほど世界に浸透している言葉です。これからの時代を生きるうえで、改めて誰もが意識していくべき精神だと思います。
　「もったいない（勿体ない）」の「勿体」は仏教思想の言葉でもともとは「物体」と書いたそうです。「もったいない」は「物のあるべき姿」

が「ない」という意味で、仏教の「この世に何一つとして独立して存在しているものはない」という「空」(くう)の思想や「物事はすべて繋がって存在している」という「縁起」(えんぎ)の思想に通ずるということです。「エいきょうを　シっかり　かんがエル」とも表現されるエシカルの考え方にぴったり当てはまっていると思いませんか？

　例えば、「まだ食べられる食品を捨ててフードロスにしてしまったらもったいない」「ペットボトルをそのまま捨ててしまってはもったいない」はもちろんのこと、「この鶏にも幸せな一生を送る権利があったのに、人のエゴで無理やり卵を産まされ挙句の果てに理不尽に殺される。その命が本当にもったいない」など、日々の生活で色々な「もったいない」に触れるはずです。大事なのは「もったいない」を感じたときに、自身の行動の選択が与える影響を考え、小さくてもエシカルな行動を選ぶ習慣をつくること。それが今この瞬間からできる未来への正しい一歩です。

　私たちもいつか地球を「借りる」側になります。そのときの「借り手」はこれまでとは違う考え方になっている必要があります。

　私たちエシカル・ネイティブが描く世界、それは地球の「貸し手」と「借り手」がお互いを認めながら、すべての生き物に公平な未来の選択を実行することです。

プロフィール
羽生田凛央 (はにゅうだ・りお)
一般社団法人エシカル協会 Lead Future Designer
早稲田実業学校 中等部二年。小学校時に環境委員長を務め、今後数十年の地球環境に対する強い危機意識を持つ。動物愛護団体から譲り受けた保護猫と暮らす。

写真で見る

気候変動

極地に赴き、気候変動の惨状を目の当たりにしてきた
写真家・半田也寸志氏が伝える、

今地球で起きている事実

半田也寸志（はんだ・やすし）
写真家
1955年12月7日京都市生まれ。日本大学
芸術学部写真学科卒業。

大学在学中よりファッション雑誌を中心に仕事を始め、以後フリーランサーとして「半田写真事務所」を主宰、現在に至る。広告写真、TV CM、ファッション誌、有名アーティストのアルバムジャケットやPV、映画等、国内外で実績を重ねる。動画は撮影のみならず、企画や演出も手掛けている。カンヌ（仏）、IBA（米）、クリオ（米）、ニューヨークADC（米）、ロンドン・インターナショナル（英）、MTV Awards（米）、ADC（日）、ACC（日）といった国内外広告賞の受賞多数。近年は、変化する社会情勢に注視した作品撮影に力を入れ、写真展や写真集出版等にも積極的に取り組んでいる。代表作に東日本大震災を記録した『20Days After』（ヨシモトブックス／日）、『Mighty Silence（SKIRA editore／伊）』、ロシアバレエのスタア Diana Vishneva とクリミア侵攻後の大祖国戦争勝利70周年に沸くロシア軍とのコントラストをテーマにした『Give it your all（SKIRA／伊）』、大規模再開発と人種の多様性に向かう渋谷に焦点にした「騏驎のような街」などがある。米国のかつての長大重厚産業とその衰退をテーマとした写真集『IRON STILLS（ADP出版／日）』は、講談社出版文化賞、文部科学大臣賞、経済産業大臣賞を受賞。2022年には世界の野生動物と気候変動問題をテーマとする超大型写真集『WILD BEAUTY（仮）』を出版予定。

たしかにここには
　水があったはずなのに——

枯渇した地下水、息絶える子ども、
　我が子の死を目の当たりにして嘆く母。

こんな親子の別れがあっても
いいのだろうか。

ナミビアの砂漠地帯ファブ川流域。
　砂漠地帯でもゾウが生き続けられる理由は、雨季に川底に溜め込まれた大量の地下水と、河畔に自生するアカシアの木々が支えているためである。
　オスは成長すると単独行動をするため、最年長のメス象が水の在処を家族に代々伝えており、生きた経験として受け継がれていく。だから、乾期はそうした場所を集団で常に移動しながら、嗅覚を使って水を掘り当て、生き延びているのだ。
　この日も最年長のメスが子どもや群れを導き、水を求めてここまでやってきた。
　——しかし、かつてあったはずの水が他所と同様、すでに枯渇していた。
　母を信じてついてきた子ゾウは、長い距離を歩き続けてここまでは耐えた。しかしついにこの干上がった地で命を落とした。突然の別れを嘆き悲しむ家族の表情は、私たち人間と同じだ。
　地下水枯渇は気候変動による干ばつが主要因だが、他方で人間の農地拡大に伴う不法な盗水がそれに拍車をかけている。

山々の氷河がとけて、
まるで川のように海へと流れ出す。

北極の氷がとけ出すと、地球に何が起こるのか。

2016年の夏。二週間を空けず二度、北極を訪れた。

最初に訪れたとき、写真の場所では地面に雪が残り、山の上には氷河が確認できた。

それからわずか二週間後。氷河はとけ出し、そこには濁流する川ができていた。

温暖化が進むと氷河は海に流出し、その淡水は海中の塩分濃度を変化させて表層水と深層水が混じり合う力を弱めてしまう。グリーンランドではすでに膨大な量の氷河がとけ出し、その淡水によって「大西洋南北熱塩循環」と呼ばれる海流が滞留しつつある。そのため、赤道からの海水がここで冷やされて地球を循環することがなくなり、今では海底の永久凍土すら融解し始め、地球軸の傾きを変える原因の一つになっている。

北極で目の当たりにしたのは、
一面に広がる花畑だった。

氷河がとけ出すことによって、世界中の四季の変化が失われ、やがて生物多様性を崩壊し、人間が営む農業や漁業にも影響が及ぶ。

そして農業可能地域が限られるようになり、多くの島国や地域が水没の危機に瀕する。

すでに日本でもここ数年の海温上昇によりサンマやウニなどの漁獲量は大幅に減少し、変わって南海に生息するはずの魚が東京湾にも現れ始めた。沖縄のサンゴが衰退する反面、東京湾では増殖している。エルニーニョ、ラニーニャといった異常気象が頻発して夏場の気温が異常に高くなり、集中豪雨が多発して洪水や土砂災害を引き起こす。一方では、冬場の気温は大幅に下がり、降雪量は年々増えている。

異常干ばつ、大規模洪水、森林火災、街の水没……気候変動の影響は既に顕著だ。

ホッキョクグマは氷上のアザラシを
捕食して生きている。

氷がなくなると、
　　待ち受けているのは餓死のみだ──

　氷が消失した北極圏でホッキョクグマは今、悲惨な状況に置かれている。
　彼らは夏場に、氷の端で休んでいるアザラシの不意をついて捕食する。しか
し氷がなくなった現在、アザラシほど泳ぎが早くないホッキョクグマは、そうし
た狩りができなくなり、絶滅の瀬戸際にいる。
　空腹に耐えかねたホッキョクグマは、わずかな栄養を得るため絶壁の岩場に
ある鳥のタマゴを狙うことになる。
　左手に見える親鳥の攻撃に抗いながら、本来氷上を歩くことにしか適さない
足で果敢に岩面をよじ登っていく。
　しかし、鳥の巣はほぼ垂直の斜面にあって常に落下死するリスクと引き換えだ。

漂流する巨大な氷山の数々。
大陸に露出する黒い地表。

急激に進む温暖化のサイン。

私たちに傍観している時間は残されていない。

　南極半島のラーセン一帯。南極の中では比較的温暖であるため、温暖化の進行を示す指標となる地帯だ。
　海上には半島の棚氷から切り離された巨大な棚氷が多数流れ出していた。
　沿岸部では多くの棚氷が失われ、地表が露出していた。一旦、氷が剥落して露出した黒い地表は太陽熱をさらに吸収し、氷の溶解速度を加速度的に早めていく。
　地球の淡水の8割以上は南極に存在していると言われている。
　この先、これらがすべて融解してしまったら……それが招く結果を想像してみてほしい。

一般社団法人エシカル協会

日本で最初の"エシカル"団体。2010年から代表の末吉里花が中心となってフェアトレード・コンシェルジュ講座（現エシカル・コンシェルジュ講座）を開講する中で、社会からの要請の高まりを感じ、講座第1期生とともに2015年に団体を設立。設立当時、エシカルと名のつく団体は他になく、日本におけるエシカルのパイオニア的存在として、今も変わらずエシカルの活動や流れを牽引している。
エシカル協会では、エシカルの本質についてみずから考え、行動し、変化を起こす人々を育み、そうした人々とともに、エシカルな暮らし方が幸せのものさしとなっている持続可能な世界の実現を目指している。この使命を達成するために、講座だけでなく、日本全国の自治体や企業、教育機関で講演活動を行う。また、日本の社会の仕組みや法律、制度などを作っている国や行政機関との取り組みも大切にしながら、民間団体として専門性を活かした働きかけを積極的に行っている。

エシカル白書（はくしょ） 2022-2023

装幀 _____ Malpu Design（宮崎萌美）
本文デザイン ____ Malpu Design（佐野佳子）

2022年5月10日　第1版第1刷印刷
2022年5月20日　第1版第1刷発行

編者 _____ 一般社団法人エシカル協会
発行者 _____ 野澤武史
発行所 _____ 株式会社山川出版社
　　　　　　　　〒101-0047　東京都千代田区内神田1-13-13
　　　　　　　　電話03-3293-8131（営業）　1802（編集）
　　　　　　　　https://www.yamakawa.co.jp　振替00120-9-43993
印刷・製本 _____ 図書印刷株式会社

FSC
ミックス
FSC® C013238

単 行 本

はじめてのエシカル
人、自然、未来にやさしい暮らしかた

末吉里花＝著

四六判・192頁　　税込1,540円

エシカル革命
新しい幸せのものさしをたずさえて

末吉里花＝著

四六判・276頁　　税込1,760円

絵 本

じゅんびはいいかい？
名もなきこざるとエシカルな冒険

末吉里花＝文　　中川学＝絵

A4変型判・40頁　　税込1,650円

Are You Ready ?
The Journey to the Veiled World

末吉里花＝文　　中川学＝絵　　国際基督教大学翻訳プロジェクト＝訳

A4変型判・40頁　　税込2,200円
